LA CHAÎNE

Petite cuisine médiatique entre amis

AUDE HIMATH

AVANT-PROPOS

Ce roman est l'histoire d'un homme sans qualités, personnage complexe et naïf, à la fois auto-satisfait et peu sûr de lui, qui cherche sa reconnaissance intellectuelle à travers un grand média. Son rêve : se distinguer des multiples, tout en se faisant acclamer par eux.

Le lecteur ne manquera pas d'y déceler quelques anachronismes. Ils sont volontaires, comme le sont l'énormité de certaines situations ainsi que les caricatures de personnages et de faits inspirés de la vie réelle d'une grande chaîne privée. À l'inverse de ses concurrentes subventionnées, celle-ci ne dispose que de l'outil démagogique pour se financer.

Donc, pour vivre. Exister.

Bienvenue dans l'univers de JR et de ses outrances.

Aude Himath.

PROLOGUE
NAISSANCE D'UNE ÉMISSION

CE MATIN-LÀ, en se levant, JR a décidé d'être intellectuellement correct. Que signifie « intellectuellement correct » et surtout, correct envers qui ? Envers soi-même ? Devant le miroir de sa salle de bain, JR fait la moue. Il est déjà tellement difficile d'être honnête avec soi-même. N'est-on pas la première personne que l'on trompe, bien avant son conjoint, sa famille, ses amis, ses associés, ses collègues, ses relations, la société ? Alors, pour ce qui est de l'intellect, on s'en sert un peu comme d'une pâte à modeler, on lui fait prendre la forme que l'on souhaite en se réfugiant sous le moule d'une doctrine.

Mais la correction n'a rien à voir avec l'honnêteté, du moins pas directement. C'est pourquoi, sous le contrôle de sa conscience, face à face avec lui-même, JR a décidé d'être intellectuellement correct. Non qu'il fût incorrect auparavant.

Auparavant, il n'était… rien.

Tout simplement, rien ! Vide. Et tout le monde sait que la nature a horreur du vide.

C'est probablement la raison pour laquelle on lui a confié cette émission.

I

JR EST journaliste à La Chaîne.

Au Service Culture. Ce qui, sur une grande chaîne commerciale, correspond au ministère des Droits de l'Homme dans un état totalitaire. A La Chaîne, on ne donne guère dans le culturel. Le service éponyme est un art décoratif. Un peu comme ces 4x4 rutilants dont la calandre imite les mâchoires du requin. On se demande pourquoi l'intérieur est en cuir. Il ne contribue ni à la locomotion du véhicule ni à sa sécurité ni même à son élégance, celle-ci étant inexistante.

Le Service Culture de La Chaîne correspond au cuir des 4x4 et JR en est le maître sellier.

Un jour, au vingt-quatrième étage de la tour qui abrite ce temple de l'audiovisuel, RF a décidé qu'il fallait une émission culturelle à La Chaîne. RF est le vice-président et le directeur général de l'antenne. C'est lui qui supervise les programmes.

Les collaborateurs de La Chaîne ne s'interpellent que par leurs initiales. Bureaux, places de parking, courrier, postes informatiques, annuaire téléphonique intérieur, tout est ainsi libellé. RF est très fier de ses initiales car ce sont les mêmes que République Française. Il a convoqué JR dans le saint des saints (là où l'on ne sait si l'on marche sur une moquette ou sur un nuage) pour lui annoncer la nouvelle.

— Nous *(c'est le « Nous » royal)* avons décidé de créer une émission culturelle en troisième partie de soirée. J'aimerais *(c'est le « Je » républicain)* que tu *(c'est le « Tu » télévisuel)* la conçoives et que tu la présentes.

Tout refus, même travesti en réserves d'usage, serait fort mal perçu. L'étonnement « positif » est cependant toléré.

— C'est une idée intéressante, minaude JR, et je suis très flatté que tu aies pensé à moi. Mais au fait, pourquoi moi ?

— Parce que tu nous sembles avoir le profil.

Normalement, on doit se satisfaire d'une seule réponse... mais la tolérance de RF va jusqu'à concéder un point de détail supplémentaire.

— Quel profil exactement ? demande JR.

— Le profil bas.

RF laisse échapper un chuintement qui, sectionnant le ronronnement de la clim, finit par ressembler à un rire. Rire auquel, bien entendu, JR joint le sien. Maintenant, les seules questions abordées seront d'ordre technique. JR doit préparer un projet, pondre un pilote, un conducteur, puis trouver un titre, un réalisateur, des assistants, des journalistes, bref... former une équipe. Les seuls paramètres connus sont l'horaire (ce ne sera pas souvent avant minuit) et la durée (cinquante-deux minutes).

Lorsque les lèvres molles de RF dessinent un sourire qui s'éternise, cela signifie que l'entretien est terminé. Si l'impétrant n'a pas compris ce premier signal de départ et demeure avachi sur le cuir souple du fauteuil anatomique avec un sourire niais, il en existe un autre dont aucun collaborateur de La Chaîne n'est censé ignorer la signification : RF sort une pipe de son tiroir, la bourre et s'apprête à l'allumer.

Observateur zélé des us et coutumes, JR est déjà devant l'ascenseur.

L'immense bureau de RF sent le miel. Les murs sont imprégnés de cette odeur sucrée qui fait du tabac de pipe le favori des dames. RF fut le seul qui prit la liberté de contrevenir à la loi anti-tabac quand le président, lui-même, revêtit sa tenue de combat pour la faire appliquer. Il faillit même virer un présentateur vedette qui fumait sur le plateau pour éradiquer le stress de la prise d'antenne ! Mais le présentateur en question pesait trop lourd en audimat ; comme le président est plus financier que justicier, il a rengainé son Excalibur anti-fumeur. De son côté, la star a troqué son paquet de Marlboro contre une boîte de

Prosac. RF s'engagea tacitement à ne jamais mordre la corne de sa pipe en dehors de son bureau et, comme la plupart de ses visiteurs appartiennent au monde extérieur, le président ferma les yeux.

2

La nouvelle tombe comme un couperet dans le service de JR.

Passé l'étonnement, la première question qui vient à l'esprit de ses collègues est la même que la sienne : Pourquoi lui ? Sous-entendu : et pas nous ? Viennent ensuite les interrogations concomitantes : A quoi bon une émission si mal assortie à la ligne éditoriale de La Chaîne ? Pourquoi la fabriquer « en interne » alors que tous les *talk-shows* de ce type sont produits à l'extérieur ? RF veut-il s'offrir une danseuse pour ses vieux jours, lui qui n'a jamais sacrifié « sa » chaîne à ses goûts personnels ?

Bref, personne ne semble content... pas même le principal intéressé.

De toutes ces questions, ainsi que de nombreuses autres, JR a l'occasion d'en débattre avec son chef de service, BWV, surnommé Bach en raison de ses initiales, pareilles à l'acronyme sous lequel le *Kapelmeister* de Leipzig faisait répertorier ses œuvres.

Ils sont convenus de déjeuner ensemble le lendemain de la « nouvelle ». Naturellement, BWV est quelque peu amer de n'avoir été choisi, même s'il arrive en fin de carrière... la fin de carrière étant (financièrement) fixée à 57 ans par les cadres administratifs de La Chaîne. BWV est à quelques mois de la « quille », un joli pactole l'attend et il serait malvenu de jouer les trublions, même si la création d'une émission culturelle lui revenait de droit. Pragmatique, BWV se résout à avaler la pilule... une pilule qu'il se réserve le droit de recracher lors de la négociation de départ anticipé.

JR appréhende quelque peu ce déjeuner.

Pourtant, il fait partie de ces journalistes qui savent le mieux déjeuner sur la place de Paris. Ce n'est pas donné à tout le monde. Il maîtrise le savoir-vivre contemporain (qui n'est pas le même que celui de papa), la gastronomie, l'œnologie (ou plutôt le savoir impressionner par un vocabulaire aussi fleuri qu'abscons), connaître les adresses branchées, savoir être vu sans se faire remarquer et s'alimenter sans interrompre une conversation, même dans un combat désespéré contre un steak destiné à l'équipe de France de mastication. Mais la plus grande qualité de JR dans le « savoir déjeuner », c'est la faculté de surfer sur l'Opinion, tout en ayant préalablement sondé celle de ses commensaux.

BWV a une carnation rubiconde qui pourrait laisser supposer une faiblesse pour les vignes du

Seigneur. De fait, il ne boit que de l'eau et ce masque de honte est congénital. Il a aussi le cheveu rare, le nez bourbon et une forte mâchoire. Peut-être, se dit-il, qu'il n'a pas été choisi en raison de ce visage prognathe. Bien que de morphologie différente, JR n'est pas Brad Pitt… mais il a le privilège de l'âge et une certaine fraîcheur. C'est à ce niveau de ses réflexions que JR s'installe en face de lui (il ne faut jamais arriver le premier !). BWV sursaute, éjecté de ses pensées.

La conversation a du mal à démarrer. L'arrivée du maître d'hôtel fait office de starter. Passé la commande, BWV entre dans le vif du sujet.

— Félicitations, dit-il.

JR est sur la défensive.

— Je n'ai rien fait pour.

— Je n'ai rien dit de la sorte, mais il s'agit quand même d'une belle reconnaissance pour le service.

JR botte en touche.

— RF a toujours été branché culture.

— Sûr, mais il sait que ça ne fait pas d'audience. En *prime time*, ça pourrait même couler La Chaîne.

— C'est pourquoi nous sommes en troisième partie de soirée.

BWV relève le « nous » et l'esquisse de sourire qui l'accompagne. Ironique, hypocrite, gêné ou compatissant ? Il ne se donne pas le temps de trouver une réponse et enchaîne :

— L'heure des *happy few* qui n'arrivent pas à dormir parce qu'ils ont la tête trop pleine.

— Ou parce qu'ils n'ont pas à prendre le RER de 7 heures le lendemain matin, ajoute JR qui, lorsqu'il déjeune, enduit toujours sa dialectique de sirop social.

BWV, qui ne surveille pas son idéation avec ses inférieurs hiérarchiques (JR l'est encore), préfère aborder des considérations techniques.

— Alors, dis-moi un peu comment tu comptes t'y prendre !

JR n'en sait pas plus que lui mais il espère que BWV lui sera de quelque secours dans la mise en jeu (la métaphore sportive n'est pas intellectuellement incorrecte).

— Je crois que je vais rester très classique. Disons que je vois ça comme un *talk-show* entrecoupé de quelques sujets. Tu sais, il n'y a plus grand-chose à inventer !

— Un *talk-show* littéraire ?

— Non, pas uniquement. Au contraire, je le veux (JR parle déjà comme un « chef » ; il s'en rend compte et se reprend), euh... enfin... je l'imagine éclectique, pluridisciplinaire. Un jour la littérature, un autre l'art, la musique, le théâtre, le cinéma, les sciences, l'Histoire, la... je veux dire LES religions, l'économie, l'actualité, les thèmes de société et puis – pourquoi pas ? – la gastronomie, l'art de vivre ou encore la politique, le paranormal et même le sport, du moment qu'on reste intello.

— Tu veux dire culturel.

— Evidemment.

Arrive alors la question pragmatique.

— Et avec quels moyens.

BWV affiche un sourire que JR lui connaît bien. Celui qui est censé prendre l'adversaire en défaut. Il s'attendait à la question. Elle est cruciale et il se l'est d'ailleurs posée sans trouver une réponse. Il répond donc à BWV avec une spontanéité feinte :

— Hé, ne plaçons pas la charrue avant les bœufs ! Il faut d'abord que le sponsoring prenne l'émission en main et que je trouve un chef de prod. Ensuite, quand je connaîtrai le budget, on pourra parler des moyens.

— Ne te berlure pas ! On ne va pas te donner ceux de « *Titanic* »...

Au moment où BWV se demande si le verbe « se berlurer » est intellectuellement correct, JR rétorque :

— Je ne me fais aucune illusion.

Puis, durcissant la lèvre inférieure, il prend un air de patron et ajoute :

— Je n'exigerai qu'une chose : une post-prod haut de gamme ! Je vais tout miser sur l'habillage... à la fois kitch et moderne.

BWV le dévisage d'un regard compatissant.

— Je crains fort que tu ne sois pas en mesure d'exiger quoi que ce soit, mon vieux. N'oublie pas qu'il s'agit d'une émission de quotas !

— Une émission de quotas ?

— Et oui, fait BWV en haussant les épaules, une petite émission pas chère qu'on te balance à une heure du matin pour respecter les quotas de productions françaises. En plus, ça flatte RF… ça lui donne bonne conscience et ça lui retire son complexe de diriger une chaîne poubelle. Intellectuellement parlant, je précise.

— Tu craches dans la soupe !

— Non, mais je n'en mange pas. Je la vends mais n'en mange pas !

— Une chaîne commerciale doit faire des bénefs, argumente JR, sans ça, on se retrouve avec deux mille personnes au chômage.

— Et des actionnaires pas contents…

— Oui, oui, je sais… qu'est-ce que tu veux, sans subventions, on est obligé de s'adresser aux multiples, donc de viser très bas. C'est le système qui veut ça.

— C'est bien pour cela, souligne BWV, que je vends la soupe sans la manger.

JR réalise qu'il serait périlleux de s'engager plus avant dans ce débat réchauffé. Il fait donc machine arrière et propose d'une voix mielleuse :

— Ce serait bien si tu acceptais de collaborer.

— A quoi ?

— A l'émission.

— Ton émission ?

JR se demande si BWV se paye sa tête, mais il est encore son chef de service. Il serait hiérarchiquement incorrect de prendre la mouche. Il se compose donc une mine de benêt débranché et lâche :

— Ben oui.

A son tour, BWV s'octroie quelques secondes de méditation. Jeter à la face de son subalterne un éclat de rire lourd de mépris serait socialement peu correct et très *cheap*. Il n'est cependant pas question d'accepter cette ridicule suggestion mais BWV se doit d'exprimer son refus avec les formes.

— Je suis très sensible au fait que tu aies pensé à moi, JR, mais il est préférable que tu prennes des jeunes. Le service ne manque pas de blé en herbe. Moi, je suis proche de la sortie et je ne vais pas me lancer dans un dernier baroud. Tu sais, le chant du cygne... c'est pas mon truc.

— Il ne s'agit pas d'une mort programmée, observe JR. J'espère bien que mon émission survivra à ta retraite et je ne vois pas pourquoi un homme d'expérience ne pourrait y trouver sa place.

— Non, sans façon, JR. C'est très sympa de m'avoir mis sur ta liste, mais c'est non !

Cela s'appelle une fin de non-recevoir. JR n'insiste pas. Il s'est montré humainement correct.

A 15 heures tapantes, ils quittent le restaurant après s'être mutuellement arraché l'addition des mains (alors qu'ils ont la même note de frais) et se replongent dans le reflux des cadres qui rentrent de déjeuner. Comme lors des grandes marées bretonnes, le parking de La Chaîne se vide après le JT de 13 heures et se remplit derechef à 15h30.

3

À La Chaîne, le tutoiement automatique (voire obligatoire) est pratiqué chez les journalistes, par rapport au personnel technique et administratif. Ils se traitent entre eux de « baveux » mais se considèrent comme le cerveau de cette entreprise, chargée de diffuser la connaissance. Ce tutoiement ne connaît ni l'âge ni la position de ceux qui le pratiquement, mais seulement leur statut professionnel. Ainsi, JR tutoiera-t-il le n°2 de La Chaîne, RF, qui a toujours sa carte de journaliste même s'il n'a pas fait un reportage depuis trente ans, tout en gardant un vouvoiement cauteleux envers le président qui, lui, règne sur une autre caste : la finance.

Comme dans la société hindouiste, il n'existe aucune interconnexion entre les castes, si ce ne sont quelques passerelles au niveau de ce qu'il est convenu d'appeler : les décideurs. Les décideurs de castes différentes apprennent à se tutoyer. Ça fait moderne, ça fait : appartenance à la minorité dominante. JR se sent promis à un rapide adoubement. Le jour où le président le tutoiera (et où il sera tacitement autorisé à lui retourner ce tutoiement), ce sera comme s'il recevait la rosette ou tout autre certificat d'entrée dans un corps d'élite. En qualité de présentateur de L'EMISSION CULTURELLE de La Chaîne, ce jour est proche. Encore lui faut-il en faire un succès... car, à La Chaîne, on ne reconnaît que le succès.

Mesurable en parts de marché.

JR ne trouve pas cette perspective très intellectuellement correcte, mais il s'en accommode.

LE COMPLEXE DE JACOB

Jacques Rabineau, alias JR, est né au début des années 70 de parents inconnus. Sauf que sa mère fut bien obligée de s'en faire connaître... avant de s'en débarrasser. Cela se passait dans un kibboutz, au fin fond d'Israël. Comme beaucoup de jeunes de la génération post-soixante-huitarde, JR est le fruit d'une erreur idéologique. Après la guerre des six jours, ses parents – deux Juifs ashkénazes de Paris – sont partis vers la Terre Promise. Ils se sont promis le bonheur, l'amour, la semence... et neuf mois plus tard, le petit Jacob prit racine dans le désert du Sinaï quand les parents prirent conscience des conséquences de leur inconséquence. Ils étaient plus faits pour déterrer que pour planter. Israël, le kibboutz... ce n'était pas pour eux.

Jacob était une faute d'inattention.

Pour le père, en tout cas, il n'avait jamais été qu'une goutte de sperme égarée dans un vagin complaisant. Il lui fut donc aisé de s'en séparer et, par la même occasion, de tirer sa révérence à son amante, au kibboutz, à Israël, à sa jeunesse, à ses erreurs... en jurant qu'on ne l'y reprendrait plus.

Exeat le géniteur.

Pour la mère, le chemin qui menait au même résultat fut plus long et chaotique. Il lui fallut accepter que cet enfant sorti de ses entrailles fût une « bavure » qu'elle ne voulait pas assumer. Ensuite, elle dut trouver un moyen humainement correct de refiler le bébé... au sens propre. La maman revint donc à Paris, constata que les pavés du « Boul'mich » avaient retrouvé leur place et se souvint d'une tante qui se morfondait de n'avoir jamais procréé.

C'est ainsi que JR – de son vrai nom : Jacob Rabinowicz – trouva enfin ses racines, à moins d'un mois de son premier anniversaire.

4

Bizarrement, ce n'est pas à La Chaîne qu'on le nomma JR pour la première fois, mais chez lui... disons chez sa tante qu'il appelait « maman » et qui avait l'âge d'une grand-mère. « Maman Tantine » (évolution sémantique suivant la prise de conscience de l'orphelin) était fan de la toute nouvelle saga télévisuelle *made in US* : Dallas. Elle appartenait à une génération qui ne s'interrogeait jamais sur la correction intellectuelle et ne manquait donc aucun épisode de cette série. Il ne lui avait pas fallu longtemps pour faire le rapprochement entre le diabolique JR de la famille Ewing et les initiales de son fils adoptif.

C'est ainsi que, bien avant son entrée à La Chaîne, Jacob Rabinowicz devint JR.

C'est toutefois le jour de son entrée à La Chaîne que Jacob Rabinowicz se transforma en Jacques Rabineau. L'élément déclenchant de cette francisation injustifiée avait été Michel, son meilleur copain de l'époque (il l'est resté) à l'école de journalisme de la rue de Rennes. Michel adorait raconter des histoires drôles ; il n'en manquait pas une. Durant les cours, il se penchait à l'oreille de JR pour lui chuchoter sa dernière récolte, sous le regard courroucé du prof. Doué d'une incroyable mémoire, l'étudiant pasquin faisait rire tous ses camarades au premier rang desquels JR se flattait de posséder son amitié.

Raison pour laquelle l'anecdote d'apparence anodine qui va suivre, estampilla à jamais d'un stigmate profond l'égo du jeune homme. Un jour de belle verve, Michel débitait à qui mieux mieux un florilège de blagues en tout genre (allant du cul au racisme, en passant par la misogynie, la « blondophobie », l'homophobie, la pédophilie, la faim dans le monde, les attentats et autres catastrophes naturelles, etc.) devant un aréopage ébaubi qui relançait sans arrêt l'orateur : « Allez, t'en as bien encore une ? »

— T'as pas une blague juive ? suggéra JR.

Comme la demande venait d'un Juif, les autres s'autorisèrent une surenchère.

— Oh oui, une blague juive… tu dois avoir ça en stock !

— Tiens, raconte celle de monsieur Catman ! proposa un blondinet de type aryen aux yeux clairs, qui la connaissait par cœur et s'en repaissait.

Il n'en fallait pas davantage pour placer Michel sur orbite.

— Alors... c'est un Juif pendant l'occupation, qui s'appelle monsieur Catman. Evidemment, il ne fait pas bon porter un nom à consonance israélite en cette triste période *(légère inflexion de la voix pour montrer que l'humour n'exclue pas le devoir de mémoire)* et le dénommé Catman entreprend de changer son patronyme pour échapper à la milice. Il a la chance d'avoir un pote au service de l'État Civil de la mairie et sollicite son aide. Serviable mais peu futé, l'employé a un éclair de génie : « Pourquoi ne pas traduire ton nom en français ? » Sur ces entrefaites, il s'empare d'un dictionnaire franco-anglais, le feuillette et dit : « Voyons... CAT, ça veut dire chat et MAN signifie l'homme. J'ai trouvé ! Désormais, tu t'appelleras monsieur Chat l'homme *(Shalom phonétiquement)* ».

La chute provoqua une explosion de rires. A peine les derniers se furent-ils éteints que Michel enchaîna sur d'autres histoires, à la demande de son public. JR se joignit au concert sans se douter que cette blague inoffensive marquerait à jamais son inconscient.

Donc son futur.

5

La conscience juive de JR n'est pourtant guère développée. Plus exactement, elle l'est dans les normes de la correction. JR désapprouve ses coreligionnaires qui la veulent ostentatoire et s'autocensure en toute lucidité quand il discute de la question juive avec ses camarades chrétiens ou musulmans. Comme s'il était un observateur agnostique.

Ce qu'il est d'ailleurs.

Michel, lui, se prétend athée. Un jour de printemps, ils en discutent à la terrasse d'un café de la rue Soufflot.

— L'athéisme nie tout concept de Dieu, dit Michel, alors que vous autres ne niez pas l'Absolu, vous niez ses relations avec l'Homme. Nuance....

— C'est vrai, admet JR. Je crois en une puissance supérieure mais je ne sais comment la définir et je ne reconnais pas à l'Homme le pouvoir d'entrer en communion avec elle.

— Pour moi, avance Michel, l'Homme résulte d'un processus biologique. Il n'y a pas plus d'être supérieur là-dessous qu'il n'en existe après la mort.

— Je ne suis pas d'accord ! proteste JR. J'estime que la Vie n'est pas hasardeuse, même si je ne puis nommer la Force qui l'orchestre. Je me refuse quand même à envisager le néant !

— De toute façon, ricane Michel, vous autres juifs ne pouvez vivre sans l'idée de Dieu. Vous êtes comme les musulmans !

Une telle allégation fait bondir JR.

— Je te rappelle que le dogme juif est beaucoup plus proche du christianisme que de l'islam.

Michel éclate de rire. Ça lui rappelle une histoire.

— Tu sais ce qu'a répondu Dieu au rabbin qui se plaignait d'avoir un fils converti au catholicisme ? Il a dit : « M'en parlez pas, mon vieux, j'ai eu le même problème il y a deux mille ans ! »

JR n'est pas en humeur de plaisanter. Il reprend l'argutie là où il l'avait laissée.

— Ce qui me gêne encore plus que le dogme, c'est la manière dont sont instrumentalisées les religions aujourd'hui. Le chrétien se bat la coulpe, le juif se prend pour une minorité supérieure (parce qu'élu de Dieu – les élus sont toujours en minorité) et le musulman élimine tout ce qui n'est pas musulman.

Entre le rédempteur, l'être élu et le guerrier de Dieu, je ne puis fixer mon choix.

Michel le fixe avec un sourire moqueur.

— Qu'est-ce qu'il y a ? demande JR.

— Tu parles déjà comme les intellos du petit écran. Ils ont tous les mêmes tics de langage. En ce moment, le verbe à la mode, c'est « Instrumentaliser ». Tout le monde instrumentalise tout le monde !

A cet instant, le garçon se présente avec la note. Les deux amis se lancent un regard interrogateur. JR ne colle pas au stéréotype du juif avare mais il a peur de l'argent avec lequel il entretient une névrose inconsciente. Michel, lui, est un vrai radin. Il lance sous forme de boutade :

— Allez, je te donne une chance de racheter tes erreurs en payant l'addition !

JR, qui connaît son copain, esquisse une grimace et met la main à la poche.

— Et tu noteras, ajoute Michel, que je ne compte pas le service.

— Le service ?

— Hé oui, le service athée.

Allusion au fait que JR ne boit que du thé en dehors des repas. Michel est très fier de son calembour.

6

MICHEL TRAVAILLE dans un grand quotidien parisien, lu en majorité par des intellectuels. Bras droit du chef du service de Politique Intérieure, il espère bientôt prendre sa place. Michel est très ambitieux et il envie secrètement JR dont la notoriété est supérieure à la sienne. L'annonce de la création d'une émission culturelle dont il sera l'éditorialiste et le présentateur l'a rendu fou. En toute innocence, JR a voulu que son meilleur ami fût le premier à connaître la nouvelle.

— Tu sais quoi ?

— Non.

— Tu vas tomber sur le cul.

Pour s'exprimer ainsi, il faut que JR soit très ému.

— Cameron Diaz et Angelina Jolie se sont battues pour toi ?

— Mieux que ça.

— Mieux que ça ?...

— RF m'a demandé de créer et de présenter une émission culturelle.

— Whaouuuuuuuuuuu ! Trop cool, mec....

Michel adore employer le langage des ados, ça le rajeunit. Non qu'il soit très âgé, mais il porte une trentaine fatiguée avec un teint cendré, des rides profondes et une calvitie galopante. Le look intello, ça vieillit ! Entre la fraîche candeur et les sillons de la pensée, Michel a fait son choix. JR, lui, est branché sur un autre voltage. Dans le genre brun ténébreux avec des sourcils luxuriants et de grosses lunettes en écaille, il fait plus intello de l'après-guerre et reste conventionnel dans l'expression de ses émotions. Non qu'il soit introverti mais une trop grande exubérance serait proche de la fanfaronnade qui, dans son échelle de valeurs, n'est pas intellectuellement correcte.

— Alors ?

— Cool, ouais... vraiment cool.

Michel cultive le paradoxe d'une jalousie abrasive sur une joie sincère de voir son pote réussir. En son for intérieur, il se reproche de n'avoir point choisi la section « Audiovisuel » à l'école des journalistes et se compose un visage d'ami ravi de voir son camarade touché par le doigt de la fortune. En proie à ce conflit intérieur, il n'entend pas JR lui dire :

— Tu viendras à mon émission.

Ce n'est pas une question mais une évidence. Michel ne réagit pas.

— Tu entends ?

— Cool, mec... vraiment cool.

7

JR VOUDRAIT FAIRE TRÈS fort pour sa première émission.

Tenant Léopold Sédar-Senghor pour un grand philosophe, il a pensé à la Négritude. A la terrasse du même café, rue Soufflot, il se confie à Michel qui explose :

— Tu n'y penses pas !

— Et pourquoi pas ?

— Parce que dans Négritude, il y a nègre.

— Et alors ?

— C'est un mot proscrit, une bombe atomique. Si tu veux faire avorter ton émission, il n'y a pas de meilleur moyen.

— Mais enfin, c'est Senghor lui-même qui a créé ce néologisme. On ne peut quand même pas l'accuser de racisme !

— Lui non... mais toi, oui. Toutes les assoces vont

te tomber dessus, tu vas croupir sous l'opprobre... elles vont te lapider, mon vieux !

— On ne peut pas jeter l'anathème à un Blanc qui rend hommage à un Noir.

— Si, quand il le traite de nègre.

— Mais je ne traite pas Senghor de nègre !

— C'est pourtant ce que diront les assoces. Tu vas te prendre les pieds dans le tapis dès ta première émission.

JR secoue la tête, pensif.

— Bon dieu... on n'est plus au temps de « Tintin au Congo » !

— Peut-être, rétorque Michel, mais tu as vu ce que les Anglais ont fait des « Dix petits nègres » d'Agatha Christie.

— C'est con.

— Je te l'accorde, mais c'est racialement correct. Les Amerloques, ils ont exterminé les Amérindiens et les rares qui restent ne sont pas assez nombreux pour ouvrir leur gueule. Et puis, tout le monde s'en fout, à part un ou deux réalisateurs palmés d'or. Côté culpabilisation, les Ricains, ils sont plus cools que nous !

TANTINE ET LA LIBIDO

TANTINE EST PASSÉE DE « MAMAN » à « Maman Tantine » puis à un « Tantine » définitif quand JR fut en âge de comprendre qu'elle n'était pas sa mère biologique. Tantine habitait (et habite toujours) rue Monge, face aux Arènes de Lutèce. JR a grandi dans ce quartier ; c'est un enfant de la Rive Gauche. Cousine germaine de son père, Tantine est une Juive séfarade d'Algérie avec un fort accent pied-noir. Du pain béni pour Michel qui adore imiter les mamas juives.

— Monge mon fils ! hurle-t-il en reproduisant les intonations de Tantine, lorsqu'il déjeune avec JR.

Celui-ci a du mal à déglutir. Le rire lui coupe le transit œsophagien, ainsi qu'il aime à le souligner avec un geste de préciosité. JR a constaté que le sabir médical faisait de l'effet sur les intellectuels. Lorsqu'il traverse la rue Monge pour aller embrasser Tantine, il ne peut chasser de son esprit ce « Monge mon fils ! »

qui le fait éclater de rire devant quelques chalands ahuris.

A L'ÂGE DE DIX ANS, JR ÉTAIT SURNOMMÉ « Bouboule » par ses petits camarades de l'école. La cruauté infantile ajoutée aux « Monge mon fils ! » commençait à opérer des ravages psychologiques. Au lieu de diminuer les rations, Tantine effectuait des opérations commando à l'heure de la récré où elle traitait les pourfendeurs de son JR de « bande de petits vauriens ! ». JR entend encore résonner la voix rauque aux couleurs de la Méditerranée, entre les murs du préau. Tantine eut souvent maille à partir avec l'administration du collège. Le directeur dévoila des trésors de diplomatie devant cette... mère qui manquait de discrétion mais en laquelle on sentait battre un cœur énorme. Il fut décrété que JR consulterait un psychologue, tout en sachant que c'est Tantine qui en avait le plus besoin.

8

De cette époque, JR garde un souvenir ambigu de la psychologie. Il a toujours pensé qu'il serait (intellectuellement) enrichissant de suivre une psychanalyse. Existe-t-il un domaine plus captivant que l'exploration de soi-même ? Plus terrifiant aussi.... Mais JR renonça vite à la psychanalyse car cela faisait « trop américain ». Pour autant, il n'était pas adepte de ce qu'il est convenu d'appeler « l'anti-américanisme primaire » par opposition à « l'anticommunisme primaire », sport cérébral couramment pratiqué durant la Guerre Froide (les Français éprouvent toujours le besoin d'être anti quelque chose et qualifient ce besoin de primaire).

JR a l'esprit libéral dans les limites du respect d'autrui. Toutefois, cette habitude qu'ont prise les Américains d'imposer leur *way of life* au reste de la planète l'agace. Certes, il a compris que cette hégémonie n'a rien de doctrinaire, qu'elle relève simplement d'un marketing bien huilé, décalqué sur le *Plan Marshall*... mais tout de même ! Cet ultralibéralisme enraciné sur des valeurs purement matérielles n'est ni moralement ni intellectuellement correct.

JR pense à un truc et sort son carnet de notes. *La France est le 52ème état des USA et le président de la République est son gouverneur.* Il faudra qu'il le ressorte quand il aura des invités de gauche... de la gauche anti-libérale.

Il est un Américain que JR vénère entre tous : Woody Allen. De fait, il est plus New-yorkais qu'Américain et même... pas Américain du tout, mais, dans les dîners en ville (JR espère que le succès de SON émission ne lui laissera plus une soirée de libre), il est de bon ton de l'égratigner gentiment. Du genre : « Tous ses films se ressemblent, c'est toujours la même rengaine, l'humour juif new-yorkais... ça devient lassant, etc. ». JR suit le mouvement tout en se tenant informé de sa filmographie. Car, à la sortie de son prochain opus, il sait que Woody viendra (comme toujours) à Paris et là... il disposera d'une émission pour le recevoir.

JR se pourlèche les babines mentalement... rien que de penser à l'effet produit dans les dîners.

9

A QUINZE ANS, JR perdit tous ses kilos superflus et devint un joli petit germe d'homme que les filles commençaient à reluquer. Un épanouissement qui aurait dû ravir Tantine mais qui eut l'effet contraire. Elle sentait son influence s'évaporer comme de l'éther et se transformait en pompier pour refroidir les ardeurs de « ces petites délurées ».

— De mon temps, clamait-elle, jamais une jeune fille de bonne famille ne se serait permis de poser un regard insistant sur un jeune homme. Ah, il est beau l'héritage de soixante-huit et de tous ces hippies !

Rue Monge, Tantine avait été aux premières loges durant ce séisme aux frayeurs eschatologiques. Elle ne s'en était jamais remise. Aujourd'hui, tout ce qui n'était pas conforme à la morale coloniale des années cinquante en Algérie appartenait à la catégorie générique des « hippies ».

Loin d'être une mauvaise femme, Tantine se réjouissait, au fond, de la transformation physique de son « fils ». Mais, c'était plus fort qu'elle... elle ne pouvait supporter qu'il lui échappât. Pour enrayer son indépendance, elle ne connaissait qu'une seule arme : la bouffe. L'objectif étant de maintenir une dépendance, donc un lien. JR, qui avait horreur de manger à la cantine (une horreur qu'on lui avait apprise), revenait chaque midi « à la maison » où un foie de veau purée l'attendait. Le foie de veau purée était devenu son plat favori parce que, dans la famille de Tantine, on apprenait de mère en fille que le foie de veau est bourré de vitamines qui favorisent la croissance des enfants.

Aujourd'hui, quand JR retourne rue Monge, il a encore droit à son foie de veau purée. Il a beau s'assurer préalablement, par voie téléphonique, que Tantine a promis de varier le menu... peine perdue ! Il retrouve l'incontournable foie de veau (bien saignant... « c'est meilleur pour la santé, po, po, po... ») dans son assiette.

— Monge, mon fils !

JR adolescent, Tantine ne travaillait plus. Elle jouissait d'une retraite confortable, agrémentée de quelques rentes. Ses journées se décomposaient en deux parties : le matin, durant lequel elle faisait les courses et préparait le déjeuner de JR, et l'après-midi où elle repartait faire les courses (« la mémoire... aie, aie, aie ! ») et revenait juste à temps pour mitonner le dîner. Le week-end, elle organisait le goûter et se chargeait elle-même d'inviter les copains de JR. Parfois, ce dernier s'interrogeait sur l'absence de Untel ou Untel. La réponse tranchait comme une hache.

— Il n'est pas bien pour toi.

— Mais Tantine, je vais avoir dix-huit ans le mois prochain... permets-moi d'en juger !

S'ensuivait une crise de larmes sur fond de fin du monde.

— Mon fils, suffoquait-elle, je fais tout pour toi et voilà comme tu traites ta mère !

— Mais...

— Ne dis rien, mon fils ! Regarde ta vieille mère et dis-toi que chaque mot qui sort de ta bouche pourrait la tuer.

Evidemment, les goûters de Tantine ne se conjuguaient jamais au féminin. Une fois, cependant, JR brava les interdits. Il fit venir une sautillante brunette que son statut de femelle unique rendait provocante à son insu. Dire que Tantine lui réserva un accueil glacial serait un euphémisme. La brunette offrit son joli minois à d'autres soupirants et JR ne renouvela plus jamais cette expérience.

Ni celle-là ni une autre. Le chemin qui menait aux filles de son âge ressemblait à un labyrinthe. JR se perdait dans d'interminables méandres du comportement qui n'aboutissaient nulle part. Sans se l'avouer ouvertement (car la gent féminine l'attirait), il avait peur des femmes. Pourtant, chaque matin, le miroir de sa salle de bain lui renvoyait une image positive de son visage. S'il ne se prenait pas pour un dieu grec, il notait avec une once de complaisance une régularité des traits, soulignée par un regard sombre et profond.

Pourquoi alors fuir les élues du sexe, dans une démarche inversement proportionnelle à celle des autres garçons ? Logiquement, plus une femme est belle plus un homme la poursuit de ses assiduités. Chez JR, c'était l'inverse. Il ne se sentait à l'aise qu'avec les laiderons et lorsqu'une jouvencelle émoustillait ses sens, il prenait ses distances et souffrait de son isolement. JR adorait souffrir. Il trouvait romantique de manifester la plus grande indifférence envers la fille qui faisait battre son cœur. Il se prenait pour le jeune Werther de Goethe. Dans ce contexte, son premier rapport sexuel ne put qu'être confié à une professionnelle. Car alors, le conquérant… ce n'était plus lui, mais l'argent qu'il sortait de sa poche ! Le coït tarifé eut lieu dans un hôtel borgne des environs de Pigalle. Classique. JR ne ressentit rien et n'en garde aucun souvenir. Quand on lui demande : « La première fois ? », il déclare ne point se la rappeler et change de sujet. Il paraît cependant qu'on ne l'oublie jamais. JR pratique volontiers la politique de l'autruche, qu'en matière de libido on qualifie également de : politique de la Veuve Poignet.

Cette veuve rédemptrice, grande rivale de la Veuve Clicquot dans le rachat des femmes castratrices.

10

JR N'EUT que Flaubert pour faire son éducation sentimentale et personne pour l'éducation sexuelle. A la maison, le sujet était tabou et les objets de tentation, interdits. A travers les non-dits, les interdits étaient mieux cadenassés que dans les plus violentes injonctions. Tantine s'entourait d'une tribu (toutes grand-mères séfarades pétaradantes) dont le seul but consistait à « protéger le petit ». Le petit qui mesurait déjà un mètre quatre-vingts !

Protéger de quoi ?

De la famine d'abord et ensuite, du Diable ! La notion de diable est plus chrétienne que juive mais Tantine était une terroriste du manichéisme et ses walkyries du désert lui apportaient un soutien logistique non négligeable. Tant et si bien qu'à l'intérieur de ce harem inversé, le pauvre JR portait sa couronne de roitelet impuissant. Jamais il ne vit un homme aux côtés de Tantine. Il se demanda longtemps (et se demande toujours) si elle était restée jeune fille.

Son autorité phallique, JR fut obligé d'en remettre l'apprentissage à la Rue. La libéralisation post-soixante-huitarde des mœurs était déjà bien entamée, mais pas encore celle des médias. On commençait à parler du sida, « foudre divine éradiquant la débauche d'une société déliquescente », comme disait Tantine en pointant son index vers le Très Haut. La Rue, pour JR, se limitait au campus de la Sorbonne. Il était en fac de Lettres et songeait vaguement à devenir journaliste.

Il songeait surtout à devenir Homme.

JR se rappelle un prof d'espagnol qui donnait ses cours dans le sous-sol d'un bistro du Boul'mich. C'était un anarchiste distingué avec une barbichette à la Fernando Rey, une voix suave et grave qui roulait les « R » comme des gourmandises. Il transmettait son savoir intime à une étudiante de trente ans sa cadette, qui buvait ses paroles comme elle aurait pu boire sa liqueur séminale dans les fantasmes de JR. Il n'apprit jamais un mot d'espagnol à son contact. Il ne devint pas révolutionnaire pour autant. De fait, il passa un an à se demander comment une minette pouvait se pâmer devant un vieil anar prosélyte.

JR se rappelle une autre étudiante dont la carrure athlétique contrastait avec la Mini Austin qui la véhiculait dans le Quartier Latin. C'était une blonde accorte, ni laide ni jolie mais impeccablement soignée, toujours vêtue d'un tailleur-pantalon noir. Dans les amphis, elle laissait derrière elle une traînée aromatique. Sa carte d'identité. Ils passaient beaucoup de temps ensemble, elle recherchait continuellement sa présence mais leur « couple » était encadré par le devoir éducatif et n'existait pas en dehors de ce cadre. Aujourd'hui, JR se dit qu'il aurait dû donner le change. Juste pour voir.

Il se rappelle enfin l'image d'une jeune fille douce aux cheveux châtain clair, longs et fins comme des fils de lumière. Son regard évoquait une paisible lagune. Elle avait la carnation d'une madone sans en avoir les rondeurs. Sa voix était aussi frêle que son corps. JR se sentait exister en sa présence. Souvent, à la sortie des cours, ils prenaient un verre dans un café du quartier. Ils parlaient de tout et de rien, repeignaient le monde à leur goût, supputaient l'avenir. Hélas, la jeune madone était mariée et JR ne se sentait pas les tripes de se lancer dans une aventure extraconjugale, lui qui était déjà terrorisé par une liaison ultra conventionnelle.

Leur amitié dura l'espace d'une année universitaire, puis ils se perdirent de vue et se perdirent tout court.

Durant ces quelques saisons de fac, dans le groupe des Travaux Dirigés, naviguait un capitaine au long cours, une sorte de Kersauson potache. Il avait le physique trapu et le visage buriné de l'emploi. Fort en gueule, délesté de tout complexe, il entreprenait les filles comme il aurait abordé les quarantièmes rugissants. JR admirait son charisme. Il ne fut donc pas étonné de le retrouver, quelques années plus tard, sous la forme d'un capitaine... d'industrie. Industrie navale. L'homme avait pour unique mérite d'avoir perpétué une tradition familiale. Il descendait d'une lignée d'armateurs bretons.

II

Durant son service militaire, JR fut tenté par une expérience homosexuelle. De fait, « tenté » n'est pas le mot qui convient car la tentation induit une prise de conscience. Or, chez JR, la conscience était aussi trouble que la vue du professeur Aschenbach dans *Mort à Venise*. L'objet du frisson émotif était un jeune éphèbe blond au regard triste. Il était fait pour les exercices de combat comme un rhinocéros pour la microchirurgie et JR, qui ne s'adaptait guère mieux à la vie de caserne, s'en était rapproché. A telle enseigne qu'il ressentait les picotements de la jalousie quand son ami le délaissait pour un autre, boudant dès qu'il revenait dans son giron. En vérité, ils n'étaient pas plus homosexuels que condottières, mais complètement déboussolés dans un monde hostile. Elevés dans le cocon d'une microcellule familiale, ils ne supportaient pas la promiscuité.

Des compagnons d'infortune.

L'infortune de JR fut très grande durant ces douze mois de service obligatoire. Déjà, l'épithète « obligatoire » égratignait son intégrité intellectuelle. Ensuite, il considérait que les structures rigides d'une armée et ladite intégrité intellectuelle étaient antinomiques, même s'il comprenait qu'une entité de combat ne pouvait fonctionner sans une hiérarchie géométrique, que les ordres étaient, par essence, indiscutables et que la discipline, comme le courage, se devaient – par définition – d'être aveugles et irréfléchis… donc, très éloignés de la correction intellectuelle à laquelle JR se référait déjà à cette époque.

De son expérience militaire, JR avait tiré la conclusion suivante : tant que l'Homme resterait un prédateur pour l'Homme, l'Armée serait un mal nécessaire. Sur un plan personnel et pratique, il y apprit le sens réel de la vie en communauté. A savoir, outre la promiscuité dont il est fait allusion plus haut, le mélange d'individus qui n'ont rien en commun… soit la fameuse *Diversité* qui, dans les années 70, n'était pas encore un mot à la mode. Pour JR, la diversité se traduisit par des dortoirs surpeuplés et enfumés, des radios qui beuglent à toute heure et une tolérance proportionnelle au développement cérébral de ses interlocuteurs.

— Excuse-moi… te serait-il possible de baisser légèrement ta radio ? Il est trois heures du matin et nous essayons de dormir car demain, tu le sais, nous sommes de manœuvre.

— Tu veux que j'me lève pour te filer un pain, p'tit enculé de pédé ?

Le signataire de cette élégante suggestion ayant les avant-bras plus développés que les cuisses de JR, ce dernier comprit qu'il suffisait de lire La Fontaine pour apprendre la vie. Il n'osa cependant pas le conseiller au gentil trublion et retourna se coucher.

12

Le service militaire fut aussi le révélateur de son plus grand complexe. Un complexe qui le hantait avant d'être identifié... un complexe qui le torturera toute sa vie durant, une fois démasqué.

Adolescent, JR avait plusieurs fois comparé son pénis à celui d'un ami d'enfance. D'un an son aîné, le copain jouait les Pygmalion dans une série d'initiations libertines dont la masturbation était le pivot, si l'on peut dire. L'outil de ces démonstrations était tellement impressionnant que JR ne s'était pas alarmé de la taille du sien. Il pensait plutôt que la « tige du poteau » affichait des proportions démesurées qui la faisaient davantage ressembler à un tronc qu'à un rameau. Tout en restant béat devant une telle puissance, JR ne s'alarmait pas des mensurations de son propre instrument qui devait se cantonner dans la moyenne nationale.

Le service militaire lui fournit l'occasion d'établir une véritable échelle de comparaison. Et ce fut la douche froide ! Chaque jour, la douche matinale faisait gicler la vérité glacée à son visage. Le doute n'était plus permis. L'appendice qui pendait entre ses jambes était un sexe atrophié, un ridicule vermicelle qui, même en érection, n'atteignait pas le volume des « grosses fainéantes » somnolant sous l'eau ruisselante.

Au triste constat de l'image, se joignait le son. A travers les sarcasmes et quolibets fielleux de ses camarades. Le plus blessant d'entre tous fut le sobriquet dont on l'affubla : « Queue de cerise ». Cette ignoble métaphore accompagna JR durant douze mois de souffrance physique et morale. Il fut son double jour et nuit. Tout un chacun s'autorisait à l'interpeller ainsi dans la mesure où l'adjudant-chef s'en divertissait à l'envi.

— Queue de cerise, corvée de chiottes !

Cette bête humaine, dont le volume cérébral était inversement proportionnel à celui de l'abdomen, pratiquait l'humiliation avec une perverse vulgarité. JR n'était pas sa seule victime mais sûrement sa préférée. Sur un jeune candide à peine sorti de la puberté, les dommages furent incalculables. Rendu à la vie civile, JR se considérait comme un sous-homme. La moindre allusion le perforait comme une dague. Michel, par exemple, qui ignorait tout de ce complexe, devenait cruel à son insu, notamment à travers ces jeux de mots qu'il aimait glisser dans une conversation : « Il eût phallus que je le susse ».

C'est à cette époque que l'homosexualité passive apparut comme une solution possible à son désespoir. Mais plutôt que de tomber dans une autre sexualité, JR devint asexué.

INTELLOCRATIE

Ce matin-là, JR croise RF dans les couloirs de La Chaîne.

— Alors, ça avance ?

— Oui, ça commence à bouger. J'ai même trouvé un titre.

— Vas-y !

— « *Intellocratie* ». Qu'en penses-tu ?

RF se gratte la tête.

— Ça fait un peu prétentieux, non ? Tu crois que les gens vont comprendre ?

JR ne fait pas grand cas des gens. Personnellement, il ne s'adresse pas aux « gens » mais... il est au service d'une télé commerciale qui ne vit que grâce aux « gens ». Nécessité faisant loi, il doit se plier à une exigence qu'il ne trouve pas intellectuellement juste.

— Ce n'est pas du cinquième degré, rétorque JR,

et je trouve que ça sonne bien. Mais si ça ne te plaît pas...

— Non, non, coupe RF en secouant la tête. Tout bien réfléchi, ce n'est pas si mal. Banco pour *Intellocratie* !

Il salut JR d'une grande tape sur l'épaule et disparaît. Pour JR, le meilleur titre d'émission depuis l'invention de la télé, c'est « Bouillon de culture ». Il aurait aimé trouver ce titre, mais il arrive trop tard. Il avait pensé à « Brouillon de culture » mais il n'est pas certain que le jeu de mots éclipse l'humiliation du plagiat. Faute de grives, on mangera des merles.

Va pour *Intellocratie* !

13

JR AIME « SE RECUEILLIR » aux toilettes. C'est un endroit calme, paisible, on l'on n'est pas dérangé. De surcroît, il répond à un soulagement jouissif. JR a pris l'habitude d'attendre le dernier moment pour ouvrir son sphincter et libérer son colon. Il exhale alors un souffle de plein bonheur.

Assis sur la lunette des WC de son étage, à La Chaîne, JR a sorti son carnet de notes. Il médite sur le titre de son émission et noircit le papier. Ça pourra toujours servir.

Qu'est-ce que l'intellocratie ?

Le gouvernement des intellocrates.

Qu'est-ce qu'un intellocrate ?

Un néologisme utilisant le suffixe « crate », du Grec *Kratos* qui signifie pouvoir, comme dans Aristocrate, Autocrate, Ploutocrate, Démocrate, technocrate, méritocrate, Socrate...

Non, non, lui, il n'y est pour rien !

Un intellocrate est donc une personne qui exerce le pouvoir de l'intellect et qui, très souvent, en abuse. L'intellocrate est une sorte de Don Quichotte de la pensée. Il s'éloigne de l'intellectuel qui, lui, utilise toujours l'abstrait à des fins concrètes.

JR est tenaillé par un doute. Est-ce que *Intellocratie* sera « vendeur » ? Car, à La Chaîne, on n'instruit pas, on n'éduque pas, on ne divertit pas, on ne diffuse même pas... on vend. On ne vend pas des images, on vent « de l'espace ». On se croirait dans la guerre des étoiles ! Mais pour que l'espace soit vendu, on a besoin d'images. D'où la télé. C'est le vecteur. LE PRÉSENTOIR. On fait du télé-achat grand format. Le subliminal artistique. *Le subliminable*.... La ratatouille est bonne, tellement bonne que t'as même pas senti la pilule qu'on t'a glissée avec. Hé, hé....

JR n'a plus de doute. Il est paniqué, catastrophé. Avec *Intellocratie*, la pilule sera plus grosse que la ratatouille. Les gogos auront du mal à l'avaler. À la gober.... Gober, ça va avec gogo, comme dirait Michel. JR se dit que ce n'est pas le moment de faire des jeux de mots foireux. Des *jeux de mots laids*.... Il ne peut cependant pas s'en empêcher. C'est son pare-feu contre une attaque de panique. JR se demande s'il n'a pas mis le pied sur une mine. Ou plutôt... posé son cul sur un siège éjectable.

Il y en a beaucoup à La Chaîne.

14

En repartant vers son bureau, JR croise deux « pingouins » du BTP. La Chaîne a été rachetée par une multinationale du Bâtiment et des Travaux publics qui a pris son destin en main. Du jour au lendemain, le microcosme bohème de la télé fut infiltré par des envahisseurs venus d'une autre galaxie. Comme les flics et les agents secrets, ils se déplacent toujours par deux. JR les a surnommés « men in black » parce que leur choix vestimentaire est toujours binaire : noir et blanc. Et dire qu'ils mettent leur expertise au service de la couleur numérique en Haute Définition ! Ce sont des technocrates, recrutés dans les grandes écoles, qui développent tous le même processus de raisonnement. Un jour, JR a surpris une conversation entre deux pingouins qui attendaient l'ascenseur.

— Tu te rends compte, constatait l'un, ça fait une minute que nous attendons cet ascenseur. Si l'on multiplie cette minute par le nombre d'allées et venues que nous sommes obligés de faire entre les vingt-cinq étages chaque jour, tu réalises un peu le nombre d'heures de travail gaspillées en un mois ?

— Ce qui n'est rien, observa l'autre, comparé aux pauses cigarette. Imagine un fumeur qui consomme un paquet par jour. Supposons qu'il en fume un tiers sur son lieu de travail, cela fait 6,66 cigarettes par journée ouvrée. Comptons cinq minutes par cigarette – et je suis gentil – plus cinq autres minutes pour regagner son bureau, en tenant compte de l'attente des ascenseurs, nous arrivons à dix par cigarette... soit une absence de 66, 66 minutes par journée de travail : plus d'une heure ! En une semaine, ils ne font plus trente-cinq heures... mais vingt-huit et demie.

Le premier s'apprêtait à repartir lorsqu'arriva l'ascenseur qui les avala goulument. JR n'avait jamais ainsi quantifié l'agacement d'une attente.

Lorsque les « men in black » descendent à la rédaction, on les remarque immédiatement... tout comme le journaliste appelé dans les hautes sphères administratives. Leur tenue vestimentaire marque une appartenance à deux mondes disparates. Le journaliste peut se moquer des pingouins, question uniforme... il n'est pas en reste. Dès réception de sa carte professionnelle, il se soumet à une chirurgie vestimentaire : ablation de l'étrangleuse et même de la veste ! Pantalon sans pli ou jeans obligatoire, pull ou tee-shirt (selon la saison), option basket ou santiags pour les pieds. Chez les JRI[1], qu'on appelait autrefois cameramen, il existe même des concours d'élégance inversée. Prenant comme alibi des tournages en plein air, parfois dans des conditions difficiles, ils jouent à celui qui sera le plus cradingue, sachant que le badge de La Chaîne (Bétacam sur l'épaule) leur ouvrira toutes les portes, de l'Elysée au Sénat en passant par les réceptions les plus mondaines de la capitale. En règle générale, le personnel technique de La Chaîne (même – et surtout – celui qui ne se salit pas les mains) met un point d'honneur à déambuler dans des tenues improbables dont on se demande s'il les retire pour dormir. A leur tronche, d'ailleurs, on n'est pas sûr qu'il leur arrive de dormir. Est-il utile de préciser que l'usage quotidien du rasoir est fortement déconseillé ?

D'un extrême à l'autre, JR ne trouve pas cette identité vestimentaire d'une grande correction intellectuelle. Il a opté pour une position médiane, le sportswear chic, aimant à rappeler que l'élégance – la vraie – se situe plus « dans le noyau que sur la coquille ». Bien sûr, il retrouvera la veste et la cravate honnies, l'espace d'un plateau. Tous les présentateurs se soumettent à la loi de l'homme-tronc, même si, hors champ, ils sont en bermuda-espadrilles.

15

Ce dimanche, Tantine a réuni toutes ses amies Séfarades qui pétaradent. Il s'agit d'un déjeuner auquel JR a été « convoqué ». Il tient le rôle de bête de foire, le sait et en accepte l'augure. Notre héros n'a d'ailleurs jamais compris comment ces rugueuses pionnières du Maghreb pouvaient s'intéresser à un petit juif adopté d'Europe Centrale. On lui avait toujours dit que Séfarades et Ashkénazes se toisaient comme le serpent et la mangouste, mais les copines de Tantine étaient plus mères que juives. Elles dévisageaient « le petit » avec des yeux pleins d'une gourmandise entretenue par Tantine à grand coups de cuiller à miel.

— Vous savez qu'il va bientôt avoir son-on-on-on nééééé-mission ?

En chœur :

— O-o-o-o-o-o-oh !

— Une émission lit-tér-r-r-r-r-rai-ai-ai-ai-re !!!

— Po-po-po-po-po-po-po-po !!!

— Culturelle, Tantine, culturelle, murmure JR comme un acteur de cinéma muet.

— Aie-aie-aie !!!

Et Tantine d'exhiber l'animal savant quand une voix aigre rompt l'allégresse générale.

— Et quand est-ce qu'on le marie, le petit ?

Désarçonnée, Tantine répond un truc du genre : « C'est pas à l'ordre du jour ». Ça rappelle à JR une blague de Michel : « Pourquoi les mamas juives regardent les films pornos jusqu'au bout ? Parce qu'elles attendent que ces petits jeunes se marient. » Du coup, il éclate de rire. Les copines de Tantine se retournent, offusquées.

— Les jeunes d'aujourd'hui prennent le mariage bien à la légère, lâche l'une d'elles.

LA CULTURE POUR LES NULS

JR entre dans la dernière semaine qui précède le démarrage de son émission. RF lui a donné la feuille de route ; il est maintenant timonier. On lui a dit que ce serait mieux de traiter avec un producteur indépendant car l'émission coûterait plus cher si elle était fabriquée en interne. JR ne comprend rien à ces subtilités comptables, son esprit rationnel assimilant mal comment les coûts de production pourraient être inférieurs à l'extérieur, alors que La Chaîne dispose de toutes les infrastructures pour produire ce type d'émissions. Du coup, il s'insurge auprès de Michel :

— Je suis le dernier des cons ! J'aurais dû monter ma propre boîte de prod. Toutes les stars de la télé le font, je comprends pourquoi maintenant.

Michel calme le jeu.

— T'emballes pas, camarade ! C'est ta première émission, t'es même pas sûr que ça va marcher....

Quand tout ce qui écrit, ce qui pense, ce qui décide sur la place de Paris se vantera d'être « passé chez Rabineau », alors tu pourras nager avec les requins.

Michel (qui se dit qu'il était *vraiment* fait pour la télé) lui conseille, en revanche, de se faire ristourner des enveloppes par la boîte de prod. JR fait la moue :

— Je ne crois pas que ce serait trop bien vu à La Chaîne. Au moindre lézard, RF me flinguera.

— Arrête de trembler comme une feuille, JR ! T'as pas encore compris qu'ils ont besoin de toi ?

JR se met toujours dans la peau d'un « obligé ». C'est plus fort que lui. Au fond du fond de lui-même, son subconscient lui murmure qu'il ne mérite pas sa chance. Il se sent faible et vulnérable. JR prend le contrepied de Michel. Sur un ton martial, il lui renvoie la balle :

— Je ne courrai jamais le risque de mettre cette émission en péril. C'est une chance pour la culture française ; il faut la préserver.

— A toi de voir, mon pote. J'espère au moins que tu m'inviteras à croûter sur tes notes de frais.

Etant salarié de La Chaîne, JR sait qu'il doit justifier le moindre centime sorti. La somme budgétée pour la fabrication de *Intellocratie* sera donc gérée par la société de production que JR a quand même eu l'heur de sélectionner parmi de multiples candidatures. Et là, il en a vu « des vertes et des pas mûres », comme dit cette allégorie fruitière dont il ne garantit pas la rigueur intellectuelle mais qui a le mérite de traduire les arcanes d'un monde interlope. Ce monde, JR (ouvrier du spectacle, tel qu'il aime à se définir) croyait pourtant le connaître.

La finance en haillons.

N'importe quel produit audiovisuel vaut une fortune et ceux qui le fabriquent ressemblent à des flibustiers urbains. JR rencontra des « mecs complètement destroy » qui « te foutraient la chiasse » dans une ruelle sombre et qui, pourtant, pesaient des millions. Sous la bulle aseptisée de La Chaîne, ils ne faisaient pas peur. Ils apportaient même un peu de poésie à ce moteur trop joliment chromé. Hors de la bulle, on naviguait au feeling.

Le feeling de JR l'orienta vers un patron qui avait l'air d'un patron dans ses clichés. Propre sur lui, sourire Gibbs, Rolex et Maserati. En confiance, sans se perdre en salamalecs, le type l'aiguilla sur sa Chef de Prod et la fille lui plut. Enfin, la fille.... Elle ressemblait à un joueur de base-ball et portait un prénom unisexe : Claude. JR la trouva hyper compétente et « très pointue dans son segment », pour employer le sabir de La Chaîne.

En quelques réunions, Claude définit la matière, l'identité et l'esprit d'*Intellocratie*. Elle lui donna un visage. JR était subjugué. Dès que Claude prenait la parole, il avait l'impression de s'entendre parler ! Les grandes lignes ayant été définies, il ne leur fallut pas longtemps pour enfanter un pilote. L'émission serait enregistrée chaque mardi dans un célèbre restaurant du

Quartier Latin. Très *people Rive Gauche*. Evidemment, le nom de l'estaminet ne serait jamais cité à l'antenne mais l'aubergiste s'y retrouverait dans la mesure où il n'existait pas un intellectuel parisien qui ne connût le lieu. Claude trouvait très kitch qu'on entendît les bruits de couteaux et de fourchettes en fond sonore. Elle calerait ça avec le sondier[1].

Le principe de l'émission consistait à faire venir à la table de l'animateur des convives qui dînaient déjà dans le restaurant, comme s'il s'agissait d'une rencontre fortuite. On recensait quatre célébrités au mètre carré dans cet établissement et le scénario établi par Claude s'avérait crédible. Ainsi, l'invité bavardait sur un ton badin avec l'animateur, puis repartait vers sa table pour céder la place au suivant, tandis qu'on lançait un sujet. JR n'était pas tout à fait d'accord sur le « ton badin ».

— Quid des sujets graves ? Demanda-t-il un jour à Claude.

JR voyait en *Intellocratie* un forum de réflexion sur les grands problèmes sociétaux. Il n'était pas sûr que l'épithète « sociétal » fût lexiquement correct, mais il fleurissait sur les lèvres des grands débatteurs et JR ne voulait pas être en reste. Claude lui répliqua tout de go :

— Si l'on a choisi ce resto et non un cimetière, c'est pas pour foutre le bourdon à tes téléspectateurs à une plombe du mat !

Devant ce revers à deux mains, JR ne sut renvoyer la balle.

16

A UNE PLOMBE DU MAT, comme dirait Claude, JR n'arrive pas à dormir. Il pense à son bébé. Après s'être tourné et retourné dans ses draps, il décide de se lever, passe une robe de chambre et emplit la bouilloire. Sa nuit est foutue, question sommeil, place à la réflexion ! Il avale une tasse entière de *Ryokucha Midori*, un thé japonais qui, dit-on, stimule l'intellect, puis s'en ressert une autre.

JR vient d'avoir une idée.

Il serait intellectuellement novateur d'aborder à contre-courant le thème de la responsabilité politique des écrivains et des artistes. A contre-courant parce qu'il s'agirait de les placer face à l'Histoire. Sous le titre *« Le talent excuse-t-il tout ? »* et à travers le double exemple de Louis Althusser (pour la gauche) et de Robert Brasillach (pour la droite), *Intellocratie* poserait la question de la culpabilité des intellectuels. Sont-ils au-dessus du droit pénal (Althusser) ou des droits de l'Homme (Brasillach) ?

Louis Althusser, écrivain marxiste, a étranglé sa femme le 16 novembre 1980. Robert Brasillach, écrivain collabo, fut passé par les armes au Fort de Montrouge, le 6 novembre 1945. En dépit d'une pétition rédigée par une flopée d'intellectuels de tous bords (Anouilh, Camus, Claudel, Cocteau, Colette, Valéry, etc.), le général De Gaulle n'a pas levé le petit doigt pour le gracier.

Brasillach est un exemple, dramatique mais pas unique, du comportement de certains intellectuels durant cette période trouble de l'Histoire. La liste est longue des écrivains et artistes accusés d'antisémitisme ou d'intelligence avec l'ennemi. Le plus célèbre est Louis-Ferdinand Céline. Aujourd'hui, note JR, on dirait qu'il « a pété un câble » car Céline était profondément humaniste. Et surtout humain. Il l'a prouvé tant dans l'exercice de son premier métier (médecin des pauvres) que dans la rédaction de ses œuvres majeures. S'il « s'est lâché », estime JR, c'est parce qu'à l'époque, il n'était pas politiquement incorrect de dire haut et fort que les Juifs vous tapaient sur le système.

C'est en train de revenir mais... chut ! *Ferme ta gueule*, se dit JR (à lui-même car, en société, il ne s'exprime jamais ainsi). *N'oublie jamais que tu animes une émission cul-tu-relle. Au pays des Droits de l'Homme, la culture est LAÏQUE.*

A Céline, on peut ajouter les noms de Wagner,

dont la musique fut accusée d'avoir inspiré le pangermanisme, du chef d'orchestre Wilhelm Furtwängler, suspecté de connivence avec le régime nazi (mais Chostakovitch ne fut-il pas, contraint et forcé, le valet de Staline ?) ou, chez nous, de Sacha Guitry et d'Arletty dont personne n'a oublié la justification, portée par son inimitable gouaille : « Mon cœur est français mais mon cul est international ! ».

Entre Brasillach, mort pour un idéal, et les opportunistes qui ont joué le mauvais cheval, qui est le plus coupable ? L'émission devra répondre à cette question, comme elle devra dire si Althusser et, à un degré moindre, Genêt, sont moins coupables qu'un droit commun lambda. Il faudra aussi parler de Heidegger et de Drieu La Rochelle, deux grands esprits dépréciés pour leur complaisance, chacun de son côté du Rhin.

JR achève de griffonner quelques notes, rassemble ses feuillets, boit une dernière gorgée de thé vert et se frotte les mains. D'avance, il se délecte des compliments qu'on ne manquera pas de lui adresser. Il se sent prêt à défoncer les portes de l'Histoire ! Au petit matin, la tête pleine de cette belle métaphore, il retourne se coucher et s'endort immédiatement.

17

AU RÉVEIL, après une douche glacée et un (autre) thé brûlant, JR va devoir se pencher sur un aspect beaucoup plus prosaïque : la recherche d'un couffin pour son bébé.

Il lui faut rencontrer les sponsors pressentis (un groupe d'éditions, une chaîne de librairies, une banque, etc.) puis entrer en relation avec le service dit « de conformité ». En l'occurrence, conformité est l'euphémisme de censure. A La Chaîne, on se fout éperdument de ce qui peut être dit ou montré à l'antenne… sauf si ça coûte de l'argent. On a donc créé une annexe du Service Juridique dont la seule finalité consiste à éviter tout risque de procès en passant au scanner les émissions enregistrées. Le scanner étant aligné sur les diktats du Conseil Supérieur de l'Audiovisuel (CSA). Gare à la pub clandestine ou involontaire (griffe d'un couturier, joaillerie trop facilement reconnaissables), gare à l'alcool (loi Evin) et à ses affidés ! Pratique pour une émission censée se passer dans un restaurant....

18

JR A TOUJOURS RÊVÉ de devenir écrivain. Il n'a pas fait que rêver puisqu'il a commis un manuscrit qui n'a jamais quitté le tiroir de son bureau Empire, dans son deux-pièces de la rue Jacob (si Jacob Rabinowicz, alias Jacques Rabineau, habite rue Jacob, c'est un pur hasard). En vérité, le manuscrit de JR a souvent quitté le tiroir du bureau Empire... mais il y est toujours revenu. Son texte ne convenait jamais à *la ligne éditoriale* des éditeurs pressentis. Au bout d'un certain temps, le tiroir devint un cercueil.

Aujourd'hui que JR est en passe de devenir une figure du « Paris Culture » (c'est Michel qui le dit), il songe à exhumer l'œuvre incomprise. Être publié, selon JR, participe plus d'un tissu relationnel que d'un talent sismique. Il en veut pour preuve le roman d'une présentatrice de La Chaîne que des farceurs s'étaient amusés à réécrire en changeant les noms, puis à envoyer à une kyrielle d'éditeurs qui l'avaient tous refusé. En son temps, l'anecdote l'avait fait beaucoup rire car il enrageait de ne pouvoir être publié quand cette petite mijaurée, fade et sans saveur, figurait en vitrine de toutes les librairies !

JR se dit qu'à l'aube d'*Intellocratie*, la donne n'est plus la même. Demain, le nom de Rabineau sera vendeur... et puis, son roman n'est quand même pas à chier ! Avant-hier soir, il l'a relu en entier, corrigeant deux ou trois trucs, ici et là. Il paraît que ça marche quand un auteur se relit longtemps après car alors, il se met plus facilement dans la peau d'un lecteur. Eh bien, JR en est sorti tout chose... bouleversé par cette belle histoire d'hommes. La larme à l'œil, il posa son manuscrit sur le bureau Empire, jurant qu'il ne retournerait jamais dans le « cercueil ».

19

Thomas Timothée Roch-Olsson est l'homme le plus célèbre de France, après le président de la République. Plus connu sous l'acronyme TTRO (ses amis, collaborateurs et confrères l'appellent Tom Roc, entre eux, et Tom en sa présence), il dit tous les soirs la grand'messe du vingt heures sur La Chaîne : dix millions de téléspectateurs, première audience européenne. Grand Prêtre de l'audiovisuel, chef d'état dans l'état, il règne en maître absolu sur la rédaction de La Chaîne dont il est le n°3 après le président et RF.

Sur un plan personnel, TTRO fait l'unanimité positive. Pondéré, courtois, disponible, il est à l'écoute des humbles, salut petits et grands avec la même déférence et répond au courrier... à tout le courrier, joignant toujours une petite note de sympathie personnalisée. Ses assistantes, qui l'encadrent comme un bataillon prétorien, se feraient tuer pour lui. Quand, dans un soupir, elles lâchent le fatidique Tom Roc, on a l'impression qu'elles vont perdre connaissance. Tous les collaborateurs du JT (journalistes, monteurs, mixeurs, scriptes, chefs d'info, synthétiseurs, techniciens de plateau, cadreurs, preneurs de son, etc.) sont aux petits soins pour lui. Si le Grand Homme leur demandait de repasser son pantalon, ils se l'arracheraient ! Un compliment de TTRO et leur journée est ensoleillée.

Du Grand Prêtre de l'info, JR n'est pas le moindre disciple. Il a une raison supplémentaire de l'admirer : TTRO est (aussi) un écrivain reconnu. Il a dévoré tous ses romans et ressent comme un honneur de le croiser au quotidien. À l'instar des autres journalistes, il a droit à son « Bonjour JR, comment vas-tu ? » et reçoit une bouffée d'oxygène quand il prononce les cinq mots : « Très bien Tom et toi ? ». La question reste sans réponse mais JR peut aller travailler la fleur au fusil.

Dans le travail, justement, JR n'a que rarement affaire à TTRO. C'est BWV, le chef de service, qui assiste aux conférences de rédaction. Ce matin-là, le coup de fil de TTRO cueille JR à froid. Si ce n'était cette voix inimitable (douce, posée, traînante et légèrement nasillarde), il pourrait croire à un canular.

— Bonjour JR, je ne te dérange pas, j'espère ?

JR déglutit difficilement.

— Pas le moins du monde.

— Voilà, dit TTRO, j'ai pensé que nous pourrions déjeuner ensemble... si cela te fait plaisir, bien entendu.

Plaisir ? JR aurait annulé un rendez-vous avec Catherine Zeta-Jones pour déjeuner avec TTRO. Il bafouille :

— Oui, bien sûr.

— 13h45 à l'Embarcadère, ça te va ?

— Tu veux dire... aujourd'hui ?

— Pourquoi, tu n'es pas libre ?

— Non, non... je veux dire... si, si...

— Alors, à tout à l'heure !

Les déjeuners de TTRO sont retenus un mois à l'avance et réservés aux grosses légumes. Et voilà que le Pape de la religion cathodique l'appelle (personnellement) à 11 heures pour déjeuner à 14. JR ne se fait pas d'illusion, ils ne seront sûrement pas seuls. Ou alors, il s'agit d'une annulation de dernière minute et TTRO n'a pas envie de se retrouver en plan. Quand bien même... JR se sent devenir important. Surtout que TTRO est très branché culture, sa conversation doit être passionnante.

Le Grand Homme a une démarche lente et chaloupée. Tout le monde se retourne sur son passage. Pourtant, les clients de l'Embarcadère – des bobos publicitaires pour la plupart – sont habitués aux célébrités du petit écran. TTRO serre quelques mains puis s'assoit en face de JR auquel il adresse un sourire d'excuse. Le même que celui avec lequel il clôt le 20 heures. Il a un bon quart d'heure de retard.

En vieillissant, le présentateur vedette n'a jamais perdu ce look romantique qui fit son succès. Son regard évoque le fond des fjords. Mystérieux, ironique. TTRO entre immédiatement dans le vif du sujet.

— Le titre n'est pas bon.

— Quel titre ? s'étonne JR.

— Intellocratie.

— Ah bon, tu trouves ? Alors, je vais le changer.

— N'en fais rien ! C'est ton émission… après tout, tu as peut-être raison. Si tu y crois, tu arriveras à le faire passer, à l'imposer, à l'ériger en référence.

JR boit du petit lait.

— Mais je peux quand même le changer, tu sais.

TTRO déploie un sourire lumineux d'indulgence.

— Cette émission, c'est ton bébé, JR. Tu es libre de la baptiser comme bon te semble et ce n'est certainement pas à moi de te dire ce que tu dois faire. En revanche, puis-je te demander un service ?

Sans attendre la réponse, puisqu'elle coule de source, TTRO poursuit :

— Mon prochain roman sort dans un mois. Tu pourras m'inviter en plateau ?

— Mais enfin, Tom, ça va de soi ! Tu es une figure de la littérature contemporaine, je crois que ta présence sera plus bénéfique à l'émission que l'inverse.

Ce n'est pas de la flagornerie, JR le pense vraiment. Il n'aurait jamais cru qu'un prince de l'audimat se commette dans une émission de troisième partie de soirée… de surcroît, en le demandant.

20

En rentrant du bureau, une autre surprise attend JR. Véronique, une fille de son service qui ne lui a jamais prêté la moindre attention, l'apostrophe :

— Qu'est-ce que tu fais ce soir ?

— Pardon ?

— Ben ouais, ce soir, après la télé… tu fais quoi ?

JR hausse les épaules.

— Je rentre chez moi, pardi. Que veux-tu que je fasse ?

Un journaliste du Service Culture étant souvent en service commandé le soir, JR se reprend :

— Je veux dire… je n'ai pas de spectacle.

— Alors, tu peux venir dîner chez moi ! s'exclame la fille en sautillant.

JR est sur un nuage. Mais que se passe-t-il donc aujourd'hui ? Bien sûr, il n'est pas naïf au point de ne pas comprendre le soudain intérêt suscité par sa personne… mais quand même. Il retombe sur terre quand Véronique se croit obligée de lui préciser :

— J'ai invité un couple d'amis depuis longtemps et mon mec s'est barré il y a deux jours.

— En somme, tu me demandes de faire le quatrième. Comme au bridge !

— C'que t'es drôle, toi ! glousse Véro.

— C'est quel type de dîner ?

— *Casual*… cool, si tu préfères.

— J'avais compris.

Véronique est une grande rousse plantureuse qui, avec ses talons aiguilles, atteint presque la taille de JR. Si elle ne remarque personne, les autres la remarquent… et la détestent. Véronique concentre sur sa haute et voyante silhouette tous les records d'aversion, y compris celui de la plus mauvaise réputation de toute la rédaction.

Mauvaise réputation auprès des gens du spectacle qu'elle égratigne régulièrement, mauvaise réputation auprès des équipes de tournage et, enfin, réputation exécrable au Planning Montage dans le bureau duquel elle fait irruption en hurlant :

— Vite, il me faut un monteur… j'ai un sujet pour le 20 heures !

Connaissant l'oiseau, le préposé répond, sans se départir de son calme :

— Ok. Va voir Untel en salle 11 !

— Tu rigoles ? C'est un nullard. J'veux l'meilleur !

Ce à quoi on a envie de lui dire : « C'est qui, c'est

quoi le meilleur ? Et toi, pauvre conne, à quelle hauteur du pètes ? ». Mais personne ne le lui dit. Elle serait capable d'aller faire un scandale dans le bureau de TTRO pour maltraitance de journaliste.

JR sait tout cela, comme tout un chacun à La Chaîne. Travaillant aux côtés de Véronique, il a même été témoin de quelques-unes de ses plus fameuses embardées. Un jour, partageant un tournage avec elle, il n'a pas oublié son comportement verbal envers le JRI.

— Tourne ça, prends ça... non pas ce plan, connard, celui-là ! Je veux ça... mais, ma parole, t'es bouché à l'Emeri ! Ah, ces cons du planning... ils m'ont foutu un gogol. Où est-ce que t'as appris le maniement de la caméra ? A l'école Hôtelière ? Espèce d'abruti, tu m'as loupé ma sortie de champ... mais qu'il est con, ce mec !

Excédé, le JRI coupa sa caméra en plein milieu du tournage, la remit entre les mains de la Messaline, puis sortit du théâtre et rentra directement chez lui. Sans même prendre la peine d'appeler un suppléant. L'affaire fit beaucoup de bruit. Elle remonta même jusqu'à TTRO. Véronique mit tout son poids dans la balance (c'est-à-dire un mélange de charme et de furie) pour faire virer le JRI, mais les syndicats s'interposèrent et le consensuel TTRO plaida le statu quo. Il connaissait lui aussi la réputation de la rousse volcanique et préférait le crachin à la mousson. De son côté, Véronique traita BWV de « couille molle, incapable de défendre son service » mais, n'ayant pas le soutien de TTRO, elle ravala son venin et ignora ses collègues.

C'EST DONC CHEZ CETTE BELLE PLANTE carnivore que JR est convié à dîner ce soir. Il se présente à 21 heures tapantes, une orchidée géante lui masquant le visage. Véro ouvre la porte et, sans un mot, lui arrache la plante des mains. JR est invité à s'avachir sur un sofa très fatigué. Il s'avachit.

— Je suis le premier ?

— Non, tu es le seul.

— Ah bon ! Et ton couple d'amis ?

— Ils se sont décommandés. Tu veux une coupe ?

Sans attendre sa réponse, elle lui tend une flûte de champagne.

— A quoi tu penses ?

— A rien, dit JR.

Même si la fille a les épaules d'un joueur de football américain, elle n'en dégage pas moins une forte sensualité et l'éducation stricte de Tantine impose à JR le silence. Il n'a jamais pu dissimuler le trouble que lui inspire son buste de Walkyrie et Véro a emprisonné ses seins immenses dans une digue de dentelle que l'on sent prête à céder sous la pression. Elle les place sous le nez de JR en lui tendant des amuse-gueules. Amuse-gueules... il rit intérieurement à une blague de Michel.

— Qu'est-ce qui te fait rire ?

JR pique un fard.

— Rien.

— Si, dis-moi !

— Je pensais juste à une blague... mon meilleur ami n'arrête pas d'en raconter.

— Raconte !

JR pique un second fard.

— Elle n'est pas convenable.

— Oh, arrête JR... t'es pas au Couvent des Ursulines. Alors, t'accouches !

Se tortillant sur le sofa, JR pose la devinette de Michel :

— Quelle différence y a-t-il entre une olive et un clitoris ?

— Vas-y !

— Ce sont des amuse-gueules.

Silence sépulcral.

— C'est tout ? T'as pas mieux ?

— Oh, tu sais, s'excuse JR, moi... je ne sais pas les raconter. C'était juste une association d'idées.

— T'as faim ?

— Un peu, oui.

— Ben ça tombe mal parce que... y-a pas grand-chose. J'suis pas une cuisinière, tu sais.

Elle lance une œillade complice.

— Y'a mieux à faire dans la vie, non ?

Quoi que léger, le dîner est fin. Elle a tout acheté chez Lenôtre. JR parle littérature, théâtre, cinéma. Il se veut découvreur de films intimistes sans budget ni montage financier en partenariat avec la nouvelle économie, des films que l'on ne verra jamais sur La Chaîne... sauf dans *Intellocratie*.

Le grand mot est lancé.

Véro opine du bonnet en écarquillant ses grands yeux verts mais elle s'en fiche comme de son premier godemiché. JR ne sait pourquoi, mais il l'a toujours imaginée avec un godemiché. Vieux fantasme de frustré.

— On va pas parler boutique, mon chéri. Allez, déballe le best-of de ton pote !

Pourquoi l'appelle-t-elle « mon chéri » ? JR l'assimile à ces femmes qui disent « mon chéri » comme elles diraient monsieur.

— Et sois un peu plus hard ! ajoute Véro en glapissant.

JR n'est pas d'humeur à raconter des blagues cochonnes. Il fait un flop. Véro suggère de retourner sur le sofa pour le café.

— Tu veux un alcool ? Ça décoince.

— Tu me trouves coincé ?

Véro se met à glousser.

— Je t'ai toujours trouvé cul-serré. Relax Max... t'es pas à La Chaîne ici. Tiens, prends ça !

Elle lui met un grand verre de cognac entre les mains et vient s'asseoir à ses côtés. Le canapé a dû faire plusieurs exodes, tant il est déformé. Par l'entremise de lois physiques indiscutables, les corps des occupants entrent en contact. Véro porte une mini-jupe ceinture qui glisse sur ses cuisses satinées, laissant deviner un pubis à portée de regard. Elle a des jambes superbes, ce que JR savait déjà. Il ne faudrait pas grand-chose pour que le décolleté explose. Bientôt, ce sont les tempes de JR qui vont imploser.

— Tu veux voir mes photos de vacances ?

Avant que JR n'ait eu le temps de répondre, elle se plaque contre lui, un paquet de photos sur les genoux.

— Je préfère les tirages papier, c'est plus sensuel.

JR effeuille machinalement le papier glacé. Ciel azur, mer indigo, sable blanc. Seul le papier est glacé ! Elle figure sur toutes les photos. Bonjour Narcisse ! Soudain, le cœur de JR s'arrête de battre. Il tient entre ses mains une photo de la journaliste intégralement nue. Et les suivantes sont à l'avenant, avec des prises encore plus serrées. JR ressent le début d'une érection. Il est catastrophé. Dans sa position, la moindre réaction anatomique se verra... même avec son sexe atrophié. Il se lève, pose les photos sur la table basse et se tourne de trois quarts pour cacher l'indécente bossette.

— Ça ne te plaît pas ? se désole Véro.

— Si bien sûr, dit-il sans se retourner. C'est où ?

— Bali. Tu es pressé ?

— Non.

— Alors, pourquoi tu me tournes le dos ?

— Euh... ben... à vrai dire, j'ai un tournage demain. A l'aube !

— Fallait le dire, on aurait pris une autre date.

Le mensonge du tournage sera facile à démasquer mais il fallait parer au plus urgent.

— Et ton cognac ? demande Véro.

JR, qui sent son entrejambe dégonfler, se retourne et avale cul-sec le reste de la fine.

— Pour la route ! lance-t-il avec un sourire empoté. Il est bon.

Véro reste interdite, affalée sur le canapé, les cuisses ouvertes. JR constate qu'elle ne porte pas de culotte.

— Faut que je file, murmure-t-il, les yeux dans les chaussettes.

ÉRECTIONS CÉRÉBRALES

UN MATIN, JR est convoqué dans le bureau de RF. Même odeur de miel aromatisé, tout l'étage en est imprégné. JR lance un signe amical à l'assistante qui lui renvoie un sourire et lui indique de la tête la porte entrouverte du bureau de « Son Altitude ». RF est ainsi surnommé par les rédacteurs en chef, rédacteurs en chef adjoints et chefs de service. Comme dans l'armée mexicaine, les gradés de La Chaîne composent le gros de la troupe journalistique.

Sur l'immense bureau de RF sont étalés les feuillets multicolores des mesures d'audience et de parts de marché. « Son Altitude » les caresse avec une évidente satisfaction. Un tic que connaissent ses familiers. Quand RF est content, il faut qu'il caresse l'objet de son contentement.

— De mieux en mieux, mon petit JR.

Autre tic : quand il donne du « mon petit », RF est prêt à faire un cadeau. JR ronronne.

— Si tu continues comme ça, susurre RF d'une voix caressante, je vais envisager de te placer en deuxième partie de soirée.

— Tu plaisantes ?

— Ou peut-être en *access*[1], poursuit-il en ignorant la surprise de JR, pourquoi pas ? Avec une durée plus courte... ça te dirait de passer à un format de vingt-six minutes en *access* ?

— Tu plaisantes ?

RF interrompt ses caresses, lève un regard étonné puis reprend :

— Bon, ça ne sert à rien de tracer des plans sur la comète. Je voulais juste te dire, mon petit JR, que c'est un très bon début. La formule est bonne, le titre n'est pas si mauvais en fin de compte... continue comme ça et nous verrons s'il y a lieu de changer d'horaire. Si tu gagnes encore des parts de marché et si ton audience se stabilise, nous en reparlerons à la rentrée pour la nouvelle grille.

JR ne sait que répondre. Il ne répond rien. C'est RF qui rompt le silence.

— Finalement, y'a pas que des veaux qui nous regardent !

JR ne sait comment interpréter cette remarque conclusive (il s'agit bien d'une conclusion car la pipe est sortie). RF ajoute :

— Moi je m'en fous, du moment que les annonceurs sont contents. Là où il y a de l'audimat, il y a de la joie.

Et RF de fredonner le refrain de Charles Trenet, pendant que JR quitte le bureau.

— Y'a d'la joie, la-la-la-la-la-la-la-la-la.

21

Ce même jour, JR déjeune avec Didier Van Demeulenaere, un écrivain à la mode, très médiatique. Comme à La Chaîne, on l'appelle par ses initiales. C'est presque indispensable avec ce nom gigogne sur lequel tous les baveux savonnent[1] (hors Belgique et Pays Bas). Ses initiales lui vont d'ailleurs comme un gant. Car à une œuvre romanesque très féconde, s'ajoute un grand nombre de scenarii à succès. Le beau Didier est une figure de la vie intellectuelle parisienne. On le croise partout. Son emploi du temps est découpé avec une précision chirurgicale par son attachée de presse, Béatrice. Une brune sautillante surnommée *La sauterelle* dans les milieux littéraires... plus célèbre que les auteurs dont elle s'occupe. A l'exception du beau Didier bien sûr... son enseigne.

En termes de marketing, on appelle ça : un produit leader.

Béatrice est une petite femme nerveuse, bourrée de tics, qui ne tient pas en place. D'une rare efficacité professionnelle, elle mène une vie *underground* complètement déjantée, à ce qu'on dit dans les restaurants de la Rive Gauche.

DVD met un point d'honneur dans une ponctualité à la seconde près. A 12h59, il pousse la porte du salon particulier qu'a réservé JR pour se présenter à 13 heures tapantes devant la puissance invitante avec un sourire antibrouillard. Ce déjeuner a pour objet la participation du beau Didier à *Intellocratie*, une émission dans laquelle un écrivain *qui compte* doit aujourd'hui être vu. JR est accompagné de sa chef de prod, Claude, qui règlera les détails techniques avec Béatrice dont on ressent l'agacement devant cette femme androgyne. DVD et JR planent au-dessus des contingences matérielles. Ils parlent littérature du dix-neuvième siècle, comparent leurs affinités. Le beau Didier acquiesce, opine du bonnet, remet en place sa longue mèche blonde, mais parle peu. Très poli, il répond quand on l'interroge. Avec une extrême concision. DVD est un bibliomane. Il ne lit pas, il dévore. Il se shoote à la page imprimée. Sa culture livresque est immense mais il ne la met guère en avant.

Pas la peine, tout le monde le sait !

De surcroît, DVD plaît aux dames. A toutes les dames : de la midinette à la mamie, de Neuilly au « neuf cube », de la grande bourge à la beurette intello, tout ce qui lit en jupons déifie DVD. Il faut dire qu'avec sa toison d'or, ses yeux saphir, ses traits fins, sa carnation laiteuse aux reflets caramel, sa silhouette en V et sa démarche féline, ce spécimen représentatif du sexe qui tente de rester fort est particulièrement « craquant ». Hélas, le beau Didier aime beaucoup moins les dames que les dames ne l'aiment. En homme intelligent, il sait néanmoins où se trouvent ses intérêts (quatre-vingts pour cent des lecteurs de roman sont des lectrices), le mâle idéal fait semblant de renifler la femelle devant les paparazzis.

DVD va aussi à l'encontre du poncif de l'écrivain bohème. D'une grande élégance vestimentaire, il passe toutes ses matinées à se composer une tenue, étudiant l'assortiment des couleurs avec le plus exquis raffinement. Il aime d'ailleurs se définir comme *« a student of the exquisite »*, selon une formule empruntée à Henry James, un de ses auteurs favoris. DVD travaille l'après-midi et se montre la nuit. Il n'a guère besoin de sommeil et peut le trouver n'importe où. Peu bavard, il n'échange pas ses opinions. Il les impose par la plume et, le reste du temps, se languit dans la contemplation. Beaucoup d'esprits éclairés pensent que le beau Didier est « arrivé » un ou deux siècles trop tard. Ils l'auraient volontiers replacé dans le salon de Madame de Staël, près de Genève, ou, quelque temps après, gagné par une anglomanie très tendance, dans un fumoir du sélectissime Jockey-club. Pour l'heure, DVD se délecte d'une noix de Saint-Jacques dans son jus de truffe, arrosée d'un Montrachet, en écoutant religieusement JR.

— Proust est un auteur pré-révolutionnaire, affirme ce dernier avec une assurance dont il ne se serait jamais cru investi avant l'assaut d'*Intellocratie* sur les remparts de l'audimat. Il annonce Sartre, Camus et même Aragon… un peu comme Dostoïevski et Gogol ont préfiguré Gorki.

— Que pensez-vous d'Althusser ? demande DVD en tendant son verre au sommelier.

JR n'en pense rien car il n'a rien lu d'Althusser. Il s'est juste documenté en vue de son émission. Il s'en tire par une pirouette :

— Je pense qu'en étranglant sa femme, il a sacrifié un mythe, une fragilité, une partie de lui-même dont il voulait pratiquer l'ablation. Vous n'êtes pas d'accord ?

L'œil ironique de l'écrivain, appuyé d'un demi-sourire, met JR mal à l'aise. Un vent de panique traverse son regard. Il s'accroche à une liane.

— Et si nous parlions de vous ?

La réponse du beau Didier tranche l'angoisse de JR.

— Nous aurons tout loisir de le faire au cours de votre émission. N'est-ce pas ? dit-il en se tournant vers Claude.

— Oui, bien sûr, affirme-t-elle un peu désemparée. Nous enregistrons sous quinzaine. Je vous rappelle que…

Mais déjà, DVD ne l'écoute plus. Il laisse à La

Sauterelle le soin de régler tous les détails pratiques et cette dernière, elle, regarde fixement JR dont elle a bu les paroles, faute d'honorer le Montrachet. JR s'est bien aperçu que la brunette papillonnante l'observait mais il place cela sur le compte d'un intérêt professionnel, motivé par la soudaine notoriété du journaliste.

22

JR ASSISTE *à un concert de Bach aux côtés du Prince Electeur dans le salon d'apparat d'un château prussien. Le Kantor en personne joue sa partition au clavecin.* JR fait un bond dans son lit, arrache les draps et se découvre en nage. C'est le smartphone, sur son chevet, qui reproduit les notes surcompressées de la fugue. Le cadran affiche une heure du matin.

— C'est moi, dit La Sauterelle.

— Qui ça... moi ? articule JR d'une voix pâteuse.

— Béatrice. Je ne vous dérange pas au moins ?

— Pas le moins du monde.

— Si, si, je le sens, bafouille-t-elle d'un rire nerveux.

— Mais non, vous dis-je !

— Oh, vous dormiez ! s'épouvante l'assistante. Je suis confuse....

— Mais aucunement, bégaye JR, je lisais... enfin je... je relisais Althusser.

— Ah oui, Althusser. C'est un des maîtres à penser de Didier. Vous pourrez vous en servir dans l'émission.

— Didier est marxiste ? demande JR.

— Non. C'est la pensée à l'état pur du philosophe qu'il admire.

— C'est à propos de l'émission que vous m'appelez ? s'enquiert JR.

— Oui, enfin non... pas vraiment. Je vous rappellerai !

— Mais non, allez-y ! Puisque vous êtes là...

— Eh bien voilà, dit Béatrice, je voulais vous remercier.

— Mais de quoi, diable ?

— Du déjeuner.

— Vous n'avez rien mangé, ni bu !

— Oui, mais j'ai passé un moment très enrichissant.

— Vous m'en voyez ravi, dit JR volontairement formaliste, mais c'était purement professionnel.

— Je sais.

Subitement, La Sauterelle est devenue chatte. Sa voix est moins saccadée, un tantinet vagabonde, plus grave aussi.

— Vous allez me trouver hardie, murmure-t-elle, parce que j'aimerais que nous outrepassions ce côté, euh... purement professionnel, comme vous dites.

Puis, elle se rétracte.

— Enfin, je veux dire, euh... que je m'occupe d'un certain nombre d'artistes et que nous allons fatalement, oui, fatalement... ha, ha, ha... être amenés à travailler souvent ensemble. Je souhaitais donc vous dire combien j'avais apprécié notre premier contact et que...

— Et que ?...

— Que, euh... ce serait bien si l'on se connaissait un peu mieux.

— Certainement, dit JR sur un ton qu'il essaye de rendre détaché. Nous approfondirons cela lors de la prochaine entrevue avec Didier.

— Il n'y aura pas de prochaine entrevue. Di Love ne rencontre les journalistes qu'une seule fois avant les émissions.

— Di Love ?

— Ça se prononce Daï Love.

— C'est qui *Daï* Love ? éructe JR.

— Ah oui, vous ne savez pas ! C'est ainsi qu'on appelle Didier la nuit. Mais suis-je bête... vous ne pouvez pas savoir. C'est un p'tit nom d'amour réservé aux filles ! Ha, ha, ha....

— Ah oui, fait bêtement JR.

— Au fait, j'y pense.... Vous aimeriez *vraiment* un second rendez-vous avec Di Love ?

JR hausse les épaules.

— Pourquoi pas ?

— Ça ne peut être qu'informel, vous comprenez ?

JR comprend.

— Alors, venez nous rejoindre ! lance Béatrice.

Nous sommes chez Waldemar en train de prendre un verre.

JR se demandait d'où venait ce brouhaha, entrelacé de notes aigres qui semblaient sortir d'un piano. Waldemar est une boîte à la mode. Les nuiteux l'appellent « Val de Marne » parce que le patron éponyme est originaire de Vincennes.

— Maintenant ? s'écrie-t-il.

— Maintenant.

— Mais il est…

— Je sais, souffle Béatrice d'une voix suave.

JR regarde son pyjama, son lit défait, les draps froissés, le radio réveil qui marque 2 heures en chiffres rouges, agressifs.

— Je passe une cravate et j'arrive.

JR entend Béatrice pouffer.

— Pas besoin de ça ici. Allez, viens vite… j'te fais préparer un mojito !

23

Le beau Didier – Di Love pour les intimes de la nuit – est assis sur un fauteuil en osier, les jambes croisées, un cigare à demi consumé entre les doigts. Pour le fumoir d'un grand cabaret de la Rive Droite, il a choisi une veste... havane et un foulard bordeaux. Il arbore un sourire permanent mais ne dit mot, se contentant d'exposer sa personne aux regards convergents. L'arrivée de JR fait diversion. Di Love n'est plus le noyau de la cellule ! Il rapatrie l'attention générale en replaçant sa longue mèche blonde d'un geste ample.

Béatrice trépigne de joie en voyant JR. Elle fait les présentations et invite le nouveau venu à prendre place sur un pouf, le plus loin possible de la seule autre femme du groupe, une actrice de théâtre d'avant-garde dont JR n'a jamais entendu parler. Mais l'actrice a une voix de stentor. Le bruit ambiant n'est pas un obstacle. Elle explique à JR qu'elle « revisite » avec son metteuren-scène fétiche (un inconnu notoire) les auteurs classiques.

— Il faudra que tu viennes me voir.

Elle cite un théâtre subventionné de la périphérie nord dont le nom ne dit rien à JR, qui hoche poliment la tête en espérant que l'Antigone des banlieues se lassera de rudoyer ses cordes vocales et jettera son dévolu sur une victime plus géographiquement proche. Ce quinqua ventripotent, par exemple, que Béatrice lui a présenté comme un diplomate syrien. D'un regard circulaire, JR fait son tour de table. Aux côtés du Syrien, se tient un jeune boutonneux timide. C'est, paraît-il, un golfeur de renommée mondiale. Viennent ensuite un publicitaire en jeans de chez Armaaaaani, un éditeur (pas celui de Di love) en col Mao, un banquier d'affaires qui roule en coupé Bentley (dixit Béatrice) et fume aussi le cigare, puis l'Amphitryon qui représente nuitamment un célèbre groupe de spiritueux et régale généreusement le groupe. Le seul en complet veston... mais avec des chaussures de VRP. Elimées, de surcroît.

Au centre, trône le roi blond qui, sans dire mot, caresse ses ouailles du regard.

La Sauterelle ne tient pas en place... d'où son surnom. Elle se lève, disparaît puis reparaît quelques secondes plus tard, un sourire crispé lui barrant le visage. Cinq minutes passent puis elle se lève derechef, fait le tour de l'assemblée, glisse trois mots au golfeur (pas plus car il ne connaît rien d'autre que le golf) puis revient s'asseoir aux côtés de JR et se penche à son oreille.

— Sympa, non ?

JR répond par une moue admirative et La Sauterelle d'ajouter :

— Tu m'en veux pas de t'avoir sorti du lit ?

— Mais je n'étais pas cou…

— Oh, arrête !

Elle pouffe, se lève de nouveau puis revient.

— Tu vois le Syrien, susurre-t-elle sur le ton de la confidence, eh bien…ce sera un des personnages du futur roman de Didier. Enfin, celui qui l'a inspiré.

— Ah bon.

— Ça se passe en plein Damas, à feu et à sang. Di Love aime coller à l'actualité. L'histoire d'un amour impossible entre un musulman chiite et une chrétienne maronite.

— Une sorte de Roméo et Juliette à la purée de pois chiche ?

— Oh, tu es grave, toi ! glousse-t-elle en tapotant l'avant-bras de JR.

Sans prévenir, Béatrice disparaît et revient un manteau sur les bras.

— Bon, j'vous laisse les enfants !

JR saisit la balle au bond.

— Moi aussi. Y'a école demain !

Les autres le regardent en se demandant s'il va toujours à l'école. DVD élargit son sourire en guise de salut et JR se sent stupide. L'air de la rue lui redonne de l'énergie.

— Où êtes-vous garée ? demande-t-il à Béatrice.

— J'suis pas garée. J'vais appeler un taxi.

— Il n'en est pas question, ordonne JR. Je vous raccompagne.

— J'habite en banlieue, il est presque trois heures... tu n'y penses pas !

Non, il n'y pensait vraiment pas. Mais quelques minutes plus tard, elle se retrouve assise dans sa Clio. D'un seul coup, JR sent la honte l'étreindre. Un présentateur de La Chaîne ne peut rouler dans une pareille guimbarde ! Il se rappelle le regard de Béatrice, parlant de la Bentley du banquier et croit bon de se justifier :

— Quand on ne fait que du Paris, on doit sacrifier sa voiture. Vieille, petite et pleine de bosses, c'est l'idéal... ha, ha, ha !

L'autoroute déroule son long ruban gris foncé. A cent-vingt kilomètres/heure, la Clio fait un bruit d'enfer. *Va quand même falloir que je la change*, pense JR. Ses phares trahissent un fâcheux strabisme sur l'asphalte vide. Béatrice est silencieuse. JR devine ses jambes plus qu'il ne les voit. Il la sait habillée court et joliment moulée, quoi que de petite taille. Soudain, il prend un flash dans la gueule : pas un radar, un fantasme ! On dit que les petits modèles ont des petites chattes. Peut-être sa verge minuscule pourrait-elle combler son minou ? Il se voit lui faire l'amour... dans la voiture... non... pas CETTE voiture ! Elle le prendrait par la main, l'attirerait vers la porte de sa chambre...

— Tourne là !

JR sursaute, braque d'un coup et fait crisser les pneus. La Sauterelle laisse échapper un rire.

— Si t'avais loupé cette sortie, y'en avait pour des kilomètres avant de revenir.

Puis, elle redevient muette, n'ouvrant la bouche que pour le guider.

— Voilà, c'est là.

Ils sont arrivés. Quelques réverbères à bout de force diffusent une lumière blafarde. Il s'agit d'un lotissement. La maison désignée par Béatrice est petite, sans cachet et semblable à ses voisines. Du coup, JR n'a plus tellement envie qu'elle l'invite à la suivre. Ça tombe bien, elle ne l'invite pas.

— C'est vraiment gentil à toi de m'avoir raccompagnée. T'es un chou ! On s'appelle ?

Elle lui envoie un baiser du bout des doigts puis referme la porte.

24

La libido de JR ressemble à un encéphalogramme plat. Il en ressent une profonde misère morale qui le conduit à des actes peu honorifiques, sans justification intellectuelle. Depuis l'éclatement de la bulle Internet, il fréquente les sites à caractère pornographique et notamment les *chats* qu'il préfère qualifier de « clavardage » (contraction des substantifs clavier et bavardage), à la manière des Québécois, grands – pour ne pas dire seuls – défenseurs de la Langue Française.

La solitude de ce dénuement sexuel (si l'on peut dire) amène JR à trouver refuge dans cette foire à la névrose. Tous les participants à ces forums sont masqués par des pseudonymes allant d'un simple prénom à des locutions laudatives, telles *Bite d'acier*, *Vagin lubrique* ou *Chatte en feu*. JR, dont l'humour n'est que partiellement érodé par l'adversité, a choisi pour pseudo : *Kuoni Lingus*. Il n'est pas sûr que ce triple jeu de mots sur la raison sociale d'une agence de voyages, le nom d'une compagnie aérienne et une pratique sexuelle courante sera perçu à sa juste valeur, mais il s'amuse de le voir attiser la curiosité de ses proies. Car il s'agit bien de proies quand le chasseur internaute, pour attirer une femelle dans les rets de son *dial* (dialogue dans la langue du net), utilise tous les subterfuges de la richesse sémantique.

Ce soir-là, face à l'écran de son PC, unique compagnon de la nuit, JR clique au hasard sur un pseudonyme féminin (couleur rose) : *Lady Godiva.* Ça lui rappelle le chocolat. Pourvu que ce ne soit pas une black, s'exclame-t-il intérieurement ! S'ensuit un échange d'une rare hauteur conceptuelle.

LADY GODIVA : ASV ? (Acronyme signifiant : Age, sexe, ville).

KUONI LINGUS : 37 (JR rabote toujours son âge), M, Paris. Et toi ?

LADY GODIVA : 25, F, Bordeaux.

Incompatibilité géographique, constate JR. Eperonné par le fantasme, il continue :

KUONI LINGUS : Française ?

LADY GODIVA : ben oué

KUONI LINGUS : Blanche ?

LADY GODIVA : ben oué Pourkoi

KUONI LINGUS : Pour savoir.

LADY GODIVA : t racist ?

KUONI LINGUS : non.

LADY GODIVA : alors c cool joli parigot

KUONI LINGUS : Comment sais-tu que je suis joli ?

LADY GODIVA : j c pas c kom ça

JR n'a jamais pu se faire à l'orthographe du net et des SMS. Mais l'excitation est plus forte....

KUONI LINGUS : Tu veux bien te décrire ?

LADY GODIVA : brune zieu marron 1m72 90 C et toi

JR détaille et enjolive son physique en quelques mots... et la fille de réagir :

LADY GODIVA : hummmmmmmm ta l r pa mal lol

Dans la logorrhée du web, LOL (*Laughing Out Loud*) signifie rire.

KUONI LINGUS : Toi non plus, ma belle !

LADY GODIVA : tu cherche koi

JR cherche à rester intellectuellement correct dans ces bas-fonds de l'esprit. Pour l'instant, il tient les commandes de ses fantasmes et ne peut donc répondre directement à cette question, même si sa présence sur ce *chat* est à elle seule une réponse. Il s'en tire par une périphrase :

KUONI LINGUS : Je cherche à explorer des contrées inconnues.

Silence. La fille ne doit rien comprendre. Les secondes passent. Peut-être a-t-elle été en voir un autre ? JR a les yeux rivés sur l'écran où... quelques lettres finissent par s'inscrire.

LADY GODIVA : c pa du q ktu cherche

Comme toujours, JR marque une hésitation quand il faut entrer dans le vif du sujet. Le temps de se dire que personne ne peut le voir, caché derrière l'écran de la honte, le voilà sur son clavier, doigts et esprit libérés.

KUONI LINGUS : Si. Tu proposes quoi ?

LADY GODIVA : fé moi jouir

S'ensuit alors une série de galipettes électroniques, rythmées par de virtuelles onomatopées : « Ohhhhhhhhhh », « Ahhhhhhhhhh » ! La Bordelaise semble avoir abandonné le clavier de son ordi, ses doigts ayant trouvé d'autres touches à faire vibrer. Même si son vermicelle se dresse avec la férocité d'un teckel nain, JR en est encore au stade des fantasmagories. Il imagine Lady Godiva nue sur son cheval, la vulve malaxée par un garrot proéminent. Ce garrot dont il voudrait voir son pénis prendre forme et dimension ! Puis la fille revient sur l'écran à travers un orgasme virtuel : « Ouiiiiiiiiiiiiiiiiiiiiiiiiiiiiiiii !!!!!!!!!!! » JR ouvre sa braguette et se libère, éclaboussant pantalon, chemise et bureau, sans même épargner l'ordinateur, froid vecteur de cette indigne jouissance. Tout juste a-t-il le temps de voir apparaître « POS » sur l'écran. POS... *Parents On Shoulder*. Il a baisé (virtuellement peut-être, mais baisé quand même) une gamine !

Consterné, la main sur le sexe gluant, il jure qu'on ne l'y reprendra plus.

VERTIGE ASCENSIONNEL

TOUS LES PREMIERS jeudis de chaque mois, JR déjeune avec Régis Garrot. Docteur ès lettres, ce dernier est maître de conférences à la Sorbonne. JR fut un de ses étudiants avant d'intégrer l'école de journalisme. Aujourd'hui, il le traite en père spirituel et, jouant sur ses initiales, le surnomme « Renseignements Généraux » en regard du soutien littéraire qu'il continue de lui prodiguer. Régis tient cependant à rester dans l'ombre car, dit-il, « la pensée n'a pas besoin de lumière, elle EST lumière. » JR se désole de ne pouvoir le faire participer à *Intellocratie*, comme il se délecte de leurs conversations intimes. A propos du consultant qu'il refuse d'être, Régis s'insurge devant la maltraitance que subit la langue française :

— Le mot « consultant », tel qu'on le définit aujourd'hui, a le sens inverse de ce qu'il exprime véritablement. Consultant, c'est le participe présent du verbe consulter. Donc, c'est quelqu'un qui consulte. Or, dans le langage actuel, le consultant est un bipède auquel une entreprise demande une étude… ce n'est plus quelqu'un qui consulte mais qui EST consulté. Nous sommes en présence du barbarisme angliciste type car, en anglais, le suffixe « ANT » correspond au participe passé français. Exemple : au tribunal, « *The defendant* » est celui qui est défendu par un avocat, autrement dit : l'accusé.

De fil en aiguille, la conversation dérive sur d'autres errances sémantiques, comme la préposition « sur » qui se substitue à la préposition « à ». Aujourd'hui, on entend fréquemment : « Serez-vous *sur* Paris ce week-end ? » Pour être sur Paris, note RG, il faut s'appeler Superman ! Puis les commensaux reviennent sur un autre anglicisme couramment employé :

— Voici encore un boomerang linguistique entre l'anglais et le français, dénonce JR en brandissant son couteau comme un sabre. Le vocable « domestique » a été piqué à la langue française par les Anglais qui l'ont orthographié « *domestic* », lui ont donné la signification de « intérieur du territoire » puis nous l'ont renvoyé en pleine tronche. Résultat des courses : les brillants héritiers de Voltaire traduisent *domestic flight* par « vol domestique ». Désolé mais, chez moi, un vol domestique… c'est quand ta femme de ménage te pique l'argenterie !

— Oserais-tu dire ça dans ton émission ? demande Régis avec une étincelle de provocation dans le regard.

— Oui, bien sûr… enfin non. Pas de cette manière, en tout cas. À La Chaîne, on peut démolir qui on veut à condition de ne pas tomber sous le coup de la loi ou de faire baisser l'audience. Si tu commences à t'attaquer aux petites gens…

Régis hausse les sourcils.

— Je veux dire : aux gens de la rue, rectifie JR. Donc, tu vas contre la politique maison et tu te fais taxer de cuistre. Cela dit, je ne renonce pas à combattre le mal-parler, mais je le ferai avec des gants.

— Des gants de boxe ?

JR envoie un de ses plus beaux sourires à son mentor et rétorque :

— C'est un rude combat ; je compte fermement sur ton aide.

Entre la poire et le fromage, Régis se lance sur un terrain glissant. Il sait que JR n'a pas fait de latin et que cette lacune constitue un complexe. Marchant sur des œufs, il remarque :

— Je t'ai écouté l'autre soir. Tu… comment dire… abuses, non… tu sur-utilises les locutions latines. Trop de *ad literam, stricto sensu, sursum corda, ad libitum* dans tes plateaux…. Si tu veux que ton émission perdure, ne traite pas les téléspectateurs de haut ! Si tu veux frimer, fais-le à leur manière, avec leur langage… tout en restant grammaticalement correct, bien entendu ! N'essaye pas d'entrer dans les chaumières en jouant les intellos, JR, ça ne marche pas. Même chez les intellos !

JR opine du bonnet, agacé. Il change de sujet :

— As-tu lu mon manuscrit ?

— Oui.

— Et alors ?

— Tu veux la vérité ?

— Bien sûr, dit JR en tremblant.

— C'est impubliable.

L'universitaire l'aurait réduit en bouillie comme dans un film de Tarentino, qu'il lui aurait fait moins mal. Sans état d'âme, il précise :

— Trop compliqué, l'intrigue est confuse, les personnages ont peu de relief... on sent une volonté de soigner la forme au détriment du fond. Tu te regardes écrire comme tu t'écoutes parler avec tes locutions latines. Pas un lecteur ne te suivra sur ce terrain-là !

JR est anéanti. C'est son Hiroshima ! Régis s'en rend compte mais il a décidé une fois pour toutes que l'option vérité était la meilleure. Il aime JR comme un fils et ne se sent pas autorisé à entretenir des chimères qui brouilleront son libre arbitre. Il n'a pas le talent d'un écrivain ? Soit. Il en a d'autres. JR doit l'accepter et diriger sa vie en conséquence, même si elle n'est pas conforme à ses rêves d'ado.

25

PAR LE PLUS PUR des hasards, JR a rendez-vous, ce même après-midi, chez un grand éditeur de la Rive Gauche. Même si ses bureaux ne sont guère éloignés du restaurant où il a invité Régis, il a décidé de prendre le métro. En trois stations, il se soumettra au « test du peuple ». Chou blanc ! Personne ne le reconnaît. Normal, se dit JR en quittant le monde souterrain, *la France qui se lève tôt* ne peut pas regarder *Intellocratie*. Un doute subsiste dans son esprit, comme un ver dans le fruit. Est-ce bien « la France qui se lève tôt » qu'il a croisée en plein après-midi dans ce quartier aux boutiques rutilantes ?

Nous sommes au confluent des 6ème et 7ème arrondissements. JR est en avance, il flâne dans les rues. Le mètre carré le plus cher de Paris… c'est là que se trouve l'argent de gauche. En pleine méditation, il se pose une devinette : quelle différence existe-t-il entre l'argent de gauche et l'argent de droite ? Premier élément de réponse : l'argent de gauche est décomplexé. « Moi Président » en a distribué à ses amis sans que quiconque ne s'en offusque, imitant son prédécesseur socialiste, l'énigmatique « Tonton ». L'argent de droite est lesté par un passé guerrier, colonialiste, que la repentance n'arrive pas à effacer. Les deux ont une odeur, mais pas la même. Point commun : ils ont une source identique et il y a autant, de droite que de gauche, dans les paradis fiscaux !

JR s'interdit tout choix politique même si, au fond de lui-même, il sait que c'est impossible. En voulant à tout prix sauvegarder l'objectivité de ses jugements par un apolitisme de façade, il se demande si cette alternative est intellectuellement correcte. Alors que, en proie à ce conflit intérieur, il marche d'un pas alerte vers son rendez-vous, deux hommes débattent de son sort dans une salle de conférence.

— On ne peut pas publier ça ! dit le directeur littéraire en désignant du doigt le manuscrit de JR posé sur la table ovale. Les rapports de lecture sont accablants.

— Peut-être, objecte le directeur du marketing, mais c'est le premier roman de Jacques Rabineau, l'homme qui monte. Son émission fait le buzz, on parle même de la mettre en prime time. Tu te rends compte, il va peut-être réussir le pari insensé de faire bouffer du culturel à l'heure de la Starac ! Même si c'est de la merde...

— Ah, tu peux dire que c'en est !

— Eh bien, que ce soit de la merde ou non, on est obligé de surfer sur la vague. On va peut-être ne faire qu'un coup, mon vieux, mais on n'a pas le droit de le rater. De toute façon, l'effet Rabineau ne peut pas durer. Il y a une espèce d'engouement actuel pour l'intello-populo... mais à vouloir faire entrer Nietzsche chez Ginette de Pantin à l'heure du cassoulet, le bonhomme finira par se casser la gueule.

A cet instant, le téléphone-interphone grésille.

— Monsieur Rabineau est à l'accueil.

— Faites-le monter ! ordonne le directeur du marketing.

26

JR CHANTONNE SUR LE TROTTOIR. En traversant le porche de la maison d'édition (sise en fond de cour d'un ancien hôtel particulier, classé aux Monuments Historiques), il a sorti son smartphone puis a composé le numéro de Régis.

— Ils l'ont pris ! annonce-t-il triomphalement.

— Ah bon ?

— On dirait que ça t'embête…

— Pas le moins du monde, Jacques, je suis content pour toi.

JR lève le poing en criant « yes ! ». Dans la poche de son pantalon, il sent le chèque de dix mille euros que lui a donné l'éditeur. Et ce n'est qu'un à-valoir, crie-t-il intérieurement, frémissant d'excitation ! A peine a-t-il rangé son portable dans sa veste que Bach se remet à fuguer. Il décroche.

— C'est moi.

Cette fois, il a reconnu Béatrice.

— Salut, lance-t-il d'une voix pleine de soleil.

— Comment ça va ?

— Formidablement bien. Et toi ?

— Formidablement mal.

JR reste interdit. Dans son état de surexcitation intellectuelle, il n'imagine pas qu'une seule personne au monde puisse aller mal.

— Il faut que je te voie, dit La Sauterelle.

— Je suis pris tout l'après-midi.

— Alors, dînons ensemble !

— Si tu veux.

JR est heureux de trouver quelqu'un avec qui arroser son bonheur.

27

Une heure plus tard, JR retrouve Michel au musée Carnavalet. Les deux compères ont été invités au vernissage de l'exposition Rothko.

— Je suis venu pour le champ et les petits fours, attaque Michel, bille en tête, parce que Rothko, c'est une grosse merde !

— Je ne peux pas te laisser dire ça, proteste JR. Que son art ne soit pas au goût de tous, je le conçois mais il est indéniable que Rothko a marqué le symbolisme new-yorkais d'une empreinte nouvelle. Derrière l'apparente simplicité – pour ne pas dire naïveté – de ces bandes parallèles, se cache le travail « sisyphien » d'un génie torturé.

— Depuis que tu as ton émission, constate Michel avec rancœur, tu trouves tout le monde génial. Tu vas finir par LUI ressembler !

Michel désigne un ex-ministre de la culture qui vient de faire son entrée, encerclé d'un essaim de séides.

— Je l'ai déjà interviewé deux ou trois fois, raconte-t-il à l'oreille de JR, c'est le roi de *l'understatement*, comme tu dirais dans ton émission. Déjà, il ne répond jamais à la question que tu lui poses et ensuite, c'est un trapéziste de la périphrase comme j'en ai rarement vu. Tiens, le voilà ! Ce mec, il reniflerait un présentateur télé vingt lieues à la ronde.

Michel s'apprête à faire les présentations quand l'ex-ministre l'interrompt d'un sourire miroir.

— Voyons... qui ne connaît pas Monsieur ! Malgré l'heure tardive, je suis un accroc d'*Intellocratie*. Il manquait une émission culturelle sur une grande chaîne populaire... vous avez comblé un vide. Que dis-je, un vide... un gouffre ! Continuez comme ça, cher ami, vous tenez le bon bout !

C'est la première fois que JR est complimenté par un ministre. Et pas n'importe lequel... une figure emblématique de la vie parisienne. N'a-t-il pas surpris quelques éclairs qui ressemblaient à des flashes ? Son entrée dans la « presse pipole » n'est plus qu'une question d'heures... de minutes peut-être, avec le web. Michel lui donne une grande tape dans le dos qui fait déborder sa coupe de champagne.

— Réveille-toi, mon vieux ! Je ne voudrais pas te décevoir mais ton émission, il n'en a rien à foutre. C'est toi qui l'intéresses.

— Comment ça ?

— Il est pédé comme un foc.

— Allons, dit JR en prenant un air outré.

— On dirait que ça te choque.

— Pas du tout.

— Tu sais où nous sommes, au moins ?

— Ben oui. Au musée Carnavalet.

— Non, je veux dire... dans quel quartier ?

— Ben oui. Dans le Marais.

— Et dans le Marais, qu'est-ce qu'on fait ?

— ???

— On s'enfonce.

Et Michel de partir d'un rire sonore qui fait se retourner quelques têtes. On ne rit pas dans un musée. Ce n'est pas intellectuellement correct.

— Tu exagères, dit JR, lèvres pincées.

— Tiens, j'en ai une bien grasse pour toi.

— Pas ici ! proteste JR.

— Oh, arrête de faire ta mijaurée ! Tu crois que tous les regards sont braqués sur toi depuis que tu donnes ta tronche en pâture à l'intelligentsia parisienne ? Mais tous ces bipèdes qui s'empiffrent, ils n'ont pas plus à secouer de toi que de Rothko. Ils sont venus ici pour les petits fours – comme moi – et pour être vus. Le ministre n'est pas en reste... regarde-le jeter du grain à sa basse-cour !

— Ferme-la et raconte-moi ton histoire !

— Ce sont deux tantouzes qui partent en vacances dans leur joli cabriolet. Soudain, le premier s'exclame : « Mon dieu, j'ai oublié l'huile lubrifiante ! Comment va-t-on faire ? ». « On va s'arrêter dans un garage pour en acheter », rétorque l'autre. Ils s'arrêtent dans la première station-service et demandent au pompiste s'il a de l'huile lubrifiante. « Bien sûr, laquelle voulez-vous ? ». « La meilleure. » « Alors, dit le pompiste, je vous conseille Castrol parce qu'avec Castrol, on s'envole ! » Les deux pédés se regardent et disent en chœur : « Vous n'auriez pas Motul ? »

— Ce sont des propos homophobes, dit JR qui hésite entre le rire et la réprimande. Maintenant, arrête… revoilà le ministre !

Au passage, il lance un clin d'œil complice puis, happé par sa garde prétorienne, il disparaît dans une autre salle, le directeur du musée trottinant dans son sillage. Michel se penche à l'oreille de JR.

— Un matin, raconte-t-il, une benne à ordures s'est renversée accidentellement juste devant l'entrée de son ministère. Les employés de la voierie sont partis chercher du secours et le temps de revenir avec une autre benne, c'était trop tard. Le ministre l'avait déjà inaugurée.

28

C'EST Béatrice qui a choisi (imposé) le restaurant. Elle l'appelle « ma cantine ». Au cœur du Quartier Latin, l'estaminet se veut le point de ralliement des médias élitistes. Comme d'habitude, La Sauterelle est habillée très court. Pour la première fois, JR note que ses jambes ne sont pas si bien faites. Il les trouve un peu épaisses. Comme d'habitude, La Sauterelle justifie son sobriquet. Elle semble très agitée, gesticulant sur sa chaise. La commande est vite passée. Béatrice enfile ses doigts nerveux dans ses cheveux, geste qu'elle reproduit en boucle.

— Alors, comment ça va ?

— Moi, très bien, dit JR. C'est plutôt à toi qu'il faut demander cela. Ça n'avait pas l'air d'aller très fort cet après-midi.

— Ah oui ?... Peut-être... mais tout est arrangé. J'ai pris une décision importante.

JR lui lance un regard interrogatif. Béatrice se moule les cheveux avec un long soupir, puis lance tout de go :

— Comment me trouves-tu ?

Interloqué, JR marque une hésitation.

— Eh bien, euh... très jolie.

— Oui bien sûr, dit La Sauterelle avec ce rire sec qui souligne les évidences. Mais je veux dire : comment trouves-tu mon visage ? Entre dans les détails !

Décontenancé, JR s'apprête à formuler une réponse quand La Sauterelle l'interrompt en se levant.

— Attends deux secondes, je te laisse réfléchir !

Tel un farfadet, elle s'évapore dans un nuage de fragrances exotiques. Une minute plus tard, elle réapparaît. Remaquillée de frais.

— Alors ?

— Eh bien, voyons... des cheveux coupés à la garçonne, des yeux bleu lavande, des...

— Je ne te demande pas un descriptif mais TON opinion !

— Un bel ovale, récite JR en cachant son irritation, de jolies pommettes, des lèvres pulpeuses et – j'oubliais ! – un adorable petit nez, juste un peu retroussé.

— Non !

— Non quoi ?

— Le nez.... Il n'est pas adorable, je le déteste !

Béatrice fond en larmes, puis quitte la table derechef. JR se retrouve seul. Interdit. Quelques minutes plus tard, La Sauterelle revient s'asseoir en face de lui, les yeux secs, le rimmel bien en place.

— J'ai pris une décision importante, murmure-t-elle avec douleur.

JR la dévisage, mimant l'anxiété.

— Je vais me faire refaire le nez.

JR ne sait quoi dire. La Sauterelle attend un commentaire qui ne vient pas.

— Qu'en penses-tu ? interroge-t-elle.

— Je pense que c'est inutile. Mais pourquoi me demandes-tu ça à moi ?

— Parce que je n'ai personne à qui parler.

Béatrice plonge le nez dans son assiette et sectionne le magret qui y repose comme si c'était son pire ennemi. JR aimerait lui dire son bonheur, sa foi en l'avenir, mais il ne s'en sent pas le courage. Peut-être n'est-ce pas un manque de courage mais de la pudeur.

JR s'est toujours complu dans la pudeur.

ONANISME PARISIEN

CE JOUR, au vingt-cinquième étage de la tour dessinée par Gaudi, dont aucun Parisien n'ignore qu'elle abrite les studios de La Chaîne, on fête le départ d'un « précieux collaborateur ». Comme les défunts, les chômeurs de convenance recueillent toutes les qualités. Ils sont d'autant plus précieux qu'ils disparaissent de la grille des salaires. Simplement, à l'inverse des rites funéraires, les regrets de La Chaîne ne sont pas éternels. Ils durent ce que durent les bulles de champagne, l'espace d'un cocktail.

Celui-ci a lieu dans un espace stylisé qui ressemble à un aérostat. On a l'impression que la Ville Lumière est à ses pieds.

Souriant, sûr de lui, balayant ses ouailles d'un regard satisfait, RF s'apprête à prendre la parole. En qualité de présentateur, mais aussi parce qu'il a pris la suite du « précieux regretté », JR occupe le premier rang non loin de TTRO. En léger retrait, un groupuscule composé de Michel, de Béatrice, du beau Didier et de Claude, la productrice exécutive d'*Intellocratie*, essaime autour de la nouvelle coqueluche de l'intelligentsia parisienne.

L'homme que l'on fête ici n'est autre que BWV, le futur ancien chef du Service Culture. Quelques heures auparavant, le susnommé promenait sa ronde silhouette au dixième étage, siège de l'omnipotente DRH. A travers un paysage bucolique de bureaux dits paysagés (aujourd'hui *openspace*), gronde la turbine de l'entreprise. Leurs occupants ont pour tâche de l'alimenter en carburant humain. C'est ça la ressource, le « R » de RH. Ils le font dans le respect des lois sociales, c'est le lubrifiant de la conscience. Afin que le moteur tourne à plein régime, la conscience du « R » doit glisser sur celle du « H », le vaisseau peut alors se mettre en marche et tout détruire sur son passage. BWV s'est fait broyer avec le sourire, un gros chèque en poche. Il lui reste à jouer Cendrillon dans l'opéra-bouffe *Une entreprise à dimension humaine*, quinze étages plus haut.

RF toussote dans son micro-cravate et le silence se fait immédiatement.

— Hum... mes chers amis. Nous voici donc réunis pour adresser un salut fraternel et confraternel – mais certainement pas un adieu – à notre très cher BWV qui nous quitte ce soir pour d'autres horizons, des horizons, je le crois, plus... euh... récréatifs, sans vouloir trahir un secret. Une récréation amplement méritée car BWV, affectueusement surnommé « Bach » par ses collègues, a tenu les rênes – ou devrais-je plutôt dire : la baguette – du Service Culture durant…

S'ensuivent dix minutes d'un panégyrique à l'issue duquel on se demande si BWV ne va pas être candidat à la béatification. Sa carrière, son dévouement à l'entreprise, ses (grandes) qualités humaines, le respect de ceux qui l'ont côtoyé… le journaliste est passé au scanner de l'éloge dans une langue alerte. RF est un brillant orateur.

— Une mission difficile dont il s'est acquitté avec un brio le disputant au devoir, non seulement en qualité de prosélyte – tâche ardue sur un grand média populaire – mais aussi comme formateur d'hommes… car nous ne devons jamais oublier, chers amis, que le nouveau Monsieur Culture du petit écran, notre ami JR…

Applaudissements.

— … que notre ami JR, donc, a été découvert puis formé à cette école de l'esprit dont BWV fut l'initiateur.

Applaudissements nourris.

— A cet égard, chers amis, je souhaiterais vous apprendre une nouvelle qui, je l'espère, fera plaisir à vous tous.

Souffle retenu dans l'assemblée.

— Et quand je dis apprendre (sourire complice)…

je sais que l'intéressé, lui-même, n'est pas au courant car la décision vient d'être prise il y a une heure.

Quelques secondes de suspense dans un silence minéral et RF de reprendre :

— J'étais avec le président avant de vous recevoir et, devant l'audience croissante d'*Intellocratie*, nous avons décidé de faire un essai en prime time.

Salve d'applaudissements, saupoudrée de « bravos », de « hourras ». RF lève la main pour demander le silence et conclut :

— Nous avons décidé de donner sa chance à la culture française.

Dès lors, le pauvre BWV n'existe plus. Il est déjà mort et enterré. Tout le monde se précipite sur JR pour le féliciter, les flashes crépitent, TTRO pose en compagnie de la nouvelle star. Michel, l'ami de toujours, éprouve un sentiment partagé. La gloire de JR le touche mais un leitmotiv lui ronge les neurones : *J'aurais dû choisir l'audiovisuel !* JR savoure l'adoubement de son émission avec son petit groupe de fidèles. Il saisit une coupe de champagne pour la tendre à BA quand il s'aperçoit que La Sauterelle a disparu.

— Quelqu'un a vu Béatrice ? demande-t-il à la cantonade.

— Je crois qu'elle est partie, répond DVD.

JR s'isole dans un coin pour appeler Béatrice sur son portable. Elle répond à la première sonnerie.

— Pourquoi t'es-tu volatilisée, comme ça ?

— Trop de monde. Et puis, j'ai pas le moral.

— Tu veux que je vienne ?

— Non. Tu es un amour, mais je préfère rester seule.

PLUS TARD DANS LA SOIRÉE, BÉATRICE rappelle JR. Elle parle de faire un procès à « son » chirurgien car elle n'est pas satisfaite de son nouveau nez.

— Tu comprends, dit-elle, c'est trop facile ! Il te rate et tu dois porter le fardeau de *sa* faute professionnelle toute ta vie...

— Mais il ne t'a pas ratée, Béa !

Et La Sauterelle de s'enflammer :

— Comment peux-tu dire une chose pareille ! Tu t'en fous, hein ? Tu te fous de ce à quoi je peux ressembler !

JR doit alors déployer des trésors de psychologie pour lui démontrer que son nez est parfait en omettant de préciser que, si l'opération donne l'impression de n'avoir rien changé, c'est parce qu'il n'y avait rien à changer.

— Je vais lui mettre le marché en main, annonce Béatrice qui semble avoir retrouvé son calme. Je retire ma plainte s'il me fait un lifting gratuit. C'est à prendre ou à laisser !

— Mais enfin Béa, tu n'en as pas besoin ! Attends au moins quelques années...

Ignorant la remarque, La Sauterelle poursuit son idée :

— Ce sera une manière élégamment commerciale de rattraper sa bavure. Tu m'accompagneras à la consultation, n'est-ce pas ? Tu es connu maintenant… s'il te voit à mes côtés, il va baliser.

— Mais enfin, Béa…

— Ah non, ne me dis pas que je n'en ai pas besoin ! X et Y (des copines dont JR n'a jamais entendu parler) l'ont fait et ça a changé leur vie. Tu n'as pas vu mes joues tombantes et ce menton qui commence à onduler grave… ah, ne me dis pas que tu ne l'as pas vu ! Et mes poches sous les yeux… on dirait un kangourou. Je ne peux plus supporter ça, je ne peux plus me regarder dans une glace !

— Mais Béa…

— Oh, je sais. Tu n'as rien remarqué… tu t'intéresses si peu à moi !

29

La veille de son hospitalisation, JR invite Béatrice à l'opéra. La générale de *Tristan et Iseult* qu'il n'aurait manquée sous aucun prétexte. JR est un secret admirateur de Wagner. Secret, parce que le compositeur est mal perçu par certains lobbies *bienpensants*. JR justifie sa présence par celle de Peter Sellars, un metteur en scène très éloigné de la mythologie wagnérienne, qui a « revisité » l'œuvre.

— Il est passé de *La Panthère rose* à Wagner, s'exclame La Sauterelle, quel itinéraire !

— Mais non, ma chérie, rétorque JR avec irritation, *La Panthère rose*, c'était Peter Sellers... le comique. Lui, c'est Peter SELLARS. Il ne fait pas rire.

JR s'est surpris à appeler Béatrice « ma chérie ». Le « ma chérie » branché-mondain, celui des cocktails, de la télé, des bars de nuit. Le petit monde de La Sauterelle. Est-ce sentimentalement correct ? JR se promet de surveiller son langage.

L'Opéra Bastille exhibe sa faune des grands soirs. L'uniforme masculin se décline sur le thème cachemire-jeans, un chausseur renommé assurant la terminaison du plantigrade humain : le nounours bobo. La grossièreté du denim ne peut se marier à la noble étoffe que dans un désir de provocation, estime JR, une faute de goût voulue pour égratigner le bourge dans ses valeurs traditionnelles. La Sauterelle pendue à son bras, il arpente les travées du grand paquebot allégorique des septennats Mitterrand, saluant de vagues connaissances d'une discrète inclinaison de la tête, serrant quelques mains. La tête droite, le regard fixe, un sourire intérieur, il écoute les chuchotements : « Je l'connais, c'gars-là. » « Oh, mais c'est Jacques Rabineau ! » « Hé, regarde, c'est pas l'mec de la télé ? »... qui en baskets sur un pantalon de smoking, qui en Guayabera ouverte sur un torse luxuriant, qui nu sous une veste noire de chez Kenzo, qui, qui, qui....

Lorsque retentit la sonnerie du ralliement, JR quitte la basse-cour du Paris-Hidalgo pour gagner le huitième rang d'orchestre : les fauteuils VIP. Au premier entracte, il retrouve Michel au bar, assailli de mélomanes assoiffés.

— Alors ? demande JR.

— A chier.

JR regarde discrètement autour de lui pour voir si

quelqu'un a surpris le... commentaire de son ami puis, rassuré, il émet un petit rire nerveux.

— Tu donnes toujours dans la nuance.

— De quelle nuance veux-tu qu'il soit question quand on voit... *ça* ?

— Enfin, les voix sont magnifiques ! Cette jeune soprano dans le rôle-titre est tout simplement unique... je parle d'une authentique révélation et là, tu ne peux pas dire le contraire.

— Je ne m'y risquerai pas, dit Michel. D'ailleurs, j'ai beaucoup souffert pour elle. Que fait une artiste de ce talent dans une pareille pitrerie ? Je suis venu à l'opéra, je me retrouve au cinéma.

Michel fait allusion à l'intrusion de la vidéo dans le jeu des chanteurs.

— Ah, je l'attendais, celle-là ! enrage JR. Eh bien, vois-tu, je trouve que la vidéo apporte un plus à l'effet scénique. C'est très novateur et j'irai même jusqu'à dire que l'image actualise le *fatum* de ce couple tragique.

A cet instant, Béatrice intervient non pour prendre part au débat mais pour annoncer son intention de se rendre aux toilettes. JR lui en indique sèchement la direction puis se retourne vers Michel :

— Tu ne peux donc pas vivre avec ton temps ?

— Ce n'est pas une question de temps mais d'espace. Je suis désolé mais la vidéo détourne l'attention du spectateur. La magie de l'opéra résulte d'une symbiose : la musique, le livret, les voix et le jeu des chanteurs dans l'espace scénique. Et là, j'estime que la vidéo fout tout en l'air !

A la sonnerie, JR retourne à sa place, surpris de ne pas y trouver La Sauterelle. La lumière décroît progressivement et l'introduction musicale annonce Brangaene préparant le signal d'Iseult à l'attention de Tristan. Toujours pas de Béatrice. JR oublie l'absence de son Iseult et se laisse capter par l'orchestre.

Au deuxième entracte, il sort parmi les premiers, remet son portable sous tension et compose le numéro de La Sauterelle.

— Qu'est-ce qu'il y a ? répond-elle d'une voix tendue.

— Où es-tu ?

— À la maison.

— Tu es rentrée ?

— Si je suis à la maison, c'est que je suis rentrée.

— T'aurais pu me prévenir, quand même.

— Ouais... pour que tu m'fasses une scène et que tu m'obliges à rester !

— Mais je croyais que tu aimais l'opéra...

— Pas ces opéras-là !

— Ah, parce que toi aussi...

— Moi aussi quoi ?

— Je veux dire : la mise en scène, la vidéo et tout le toutim, quoi. Tu préfères les opéras italiens dans des réalisations plus normatives...

— Je m'en fous, Jacques ! J'ai pas l'moral et demain

je passe sur le billard, au cas où tu ne t'en souviendrais pas.

— Mais tu m'avais dit qu'une soirée à l'opéra, ça te détendrait...

— Eh bien tu vois, ça ne m'a pas détendue... alors là, pas du tout ! D'autres reproches ?

— Mais je ne te fais aucun reproche, je suis inqu...

— Alors, si tu ne me fais aucun reproche, laisse-moi dormir !

La Sauterelle raccroche incontinent. JR retourne au bar et commande un sandwich.

— T'en fais une tronche, dit Michel.

— Béa est rentrée chez elle.

— C'est ce que j'aurais dû faire depuis longtemps. Ce Tristan est grotesque.

— Oh, arrête ! Tu sais bien que ça ne tient pas à ça. Elle m'a planté sans rien dire.

— Ça ne se fait pas dans la bonne société parisienne, ironise Michel.

Constatant que son ami est réellement touché, il ajoute :

— Tu sais, je ne me suis jamais permis de t'en parler... mais cette gonzesse n'a pas spécialement la réputation d'être un cadeau sur la place de Paris. J'espère au moins que c'est un bon coup !

— Qu'est-ce que j'en sais, moi ?

— Quoi ! Tu ne te l'es jamais faite ?

JR baisse les yeux.

— Alors là, lâche Michel dans un soupir, les bras

m'en tombent ! Il n'y a que moi et le tramway de Delanoë – ainsi que Delanoë bien sûr – qui ne lui soient pas passés dessus... et mon meilleur copain, célébrité du petit écran, plutôt bien de sa personne, n'a même pas accès à sa couche ! Non mais je rêve....

JR regarde toujours ses chaussures.

— Hé, insiste Michel, rassure-moi ! Tu ne l'aimes pas, au moins ?

— Même pas. Enfin, je crois....

30

LE RADIO réveil de JR se déclenche sur une station qui diffuse l'interview d'une présentatrice de JT sur La Chaîne. Fille d'un ponte du CSA, nièce d'un animateur célèbre et femme de ministre, elle raconte que seule la passion l'a menée au firmament... car elle a débuté comme pigiste dans une feuille de chou de province. Pourquoi pas femme de ménage au desk, s'indigne JR ? Il coupe la radio et appelle la clinique pour prendre des nouvelles de Béatrice. Une infirmière lui répond que tout s'est bien passé mais qu'elle ne peut lui passer Madame car Madame n'est pas encore remontée (dans sa chambre). JR rappellera plus tard car il déjeune avec Régis.

— Tu connais Aaron Zermatt ? demande-t-il à ce dernier devant le plateau de fromages.

— Bien sûr. C'est le grand manitou d'une des trois premières banques d'affaires européennes. Pourquoi ?

— Parce que j'ai rendez-vous avec lui cet après-midi.

— Fichtre ! Ça ouvre des portes blindées d'être une star de la télé. Tu sais qu'il est plus difficile à voir qu'un « président normal », ton bonhomme ?

— A ce qu'on dit, oui.

— Et alors ? Tu vas lui demander de l'argent ?

— Non. Ça, c'est déjà fait. Il a signé pour une série de vingt émissions en prime time. Il a viré les libraires et les éditeurs... il veut être le seul partenaire d'*Intellocratie* dont il souhaite rencontrer le présentateur.

— Le cerveau, corrige Régis, un clin d'œil à l'appui.

31

AARON ZERMATT RÉSIDE dans un hôtel particulier de Neuilly, en bordure du Bois. Lorsque JR se présente à l'entrée, il est accueilli par un majordome noir en gants blancs. L'homme est massif, hiératique, cérémonieux. Il l'invite à le suivre et le fait patienter dans un salon de marbre. Du Carrare, pense JR en attendant. Les murs sont tapissés de tableaux. Le journaliste identifie Kandinsky, Modigliani, Klee, Tapies, Miro, Picasso (évidemment), Basquiat, Rothko (tiens, un Rothko !), Chagall (banquier et amateur de Chagall… Zermatt doit être juif. Tant mieux.), Soutine, Soulage (non, c'est la porte d'un placard…) et Balthus. JR se dit qu'à un moment ou à un autre de la conversation, il devra se débrouiller pour faire savoir que Rabineau n'est pas son vrai nom.

— Monsieur va vous recevoir.

Perdu dans ses pensées, JR sursaute. Il suit le

majordome, gravit un double escalier de marbre, gainé d'une rampe en fer forgé, puis, après un dédale de couloirs, se retrouve dans un bureau à peine plus petit qu'un gymnase. Omniprésent, le marbre se décline en blanc, blanc cassé et beige clair. Comme le mobilier : cuir et bois précieux. Un immense Star Kazak[1] confère une note de chaleur à la pièce.

« Sa Sainteté Bancaire » se lève pour serrer la main de JR. Une poigne franche, un regard perçant qui scope son vis-à-vis en une fraction de seconde.

— J'ai souhaité vous rencontrer, dit-il, car pour moi, il est essentiel d'avoir un contact humain avec les hommes sur lesquels j'investis. Ne vous méprenez pas cher monsieur, je ne vous traite pas comme un cheval de course ou comme tout autre animal de valeur…

Le banquier est connu pour sa passion des pur-sang. Son écurie, raconte-t-on, rivalise avec celles des princes du Golfe. Il enchaîne :

— Rassurez-vous, je sais également que ma qualité de mécène ne me confère aucun droit de regard sur la ligne éditoriale de votre émission. Je ne vous ai donc pas fait venir pour exercer quelque influence sur vous, monsieur Rabineau. Au fait, Rabineau… c'est votre vrai nom ?

JR ne s'attendait pas à trouver si vite l'occasion de signifier son appartenance à la grande fratrie du peuple élu.

— Rabineau est un pseudonyme, disons… hum…

une francisation de mon vrai nom. Je m'appelle Rabinowicz.

— Ah, vous êtes Ashkénaze ! Ma grand-mère m'a toujours dit qu'il fallait se méfier des Ashkénazes. Mon vrai nom est Zermatti. Je l'ai raccourci pour *faire Suisse.*

S'ensuit un rire maîtrisé. On sent que le banquier a beaucoup travaillé sa sortie des faubourgs d'Alger.

— La mienne dit la même chose des Séfarades, ment JR.

Les deux hommes éclatent de rire et Zermatt en profite pour servir le champagne, opération qu'il ne délègue jamais à la domesticité. Les bulles remontent à la surface, comme les confidences du banquier.

— Je suis retiré des affaires et n'exerce plus mon contrôle que d'assez loin. A mon âge, j'ai davantage à dépenser qu'à gagner et aujourd'hui, j'achète la beauté. Les chevaux, les grands maîtres...

— Les hommes ? hasarde JR en regrettant sa hardiesse.

— Aussi, sourit Zermatt. Mais seulement s'ils correspondent à mes critères. Je vais même vous choquer : quelque part, j'ai acheté ma femme. Si, si, je vous assure.... Je suis laid et vieux. Que peut donc aimer une femme chez moi ? La vie que je lui procure et peut-être un peu l'homme quand même... car j'ai la faiblesse de croire que je suis d'un caractère assez plaisant.

JR opine du bonnet.

— Je vous ai dit tout cela, reprend Zermatt, pour

que vous compreniez quel homme je suis : pragmatique, sans idéal, sans rêve et sans fantasme. Je vis dans le concret et j'achète ce qui me plaît. Tant que votre émission se maintiendra sous cette forme, vous pourrez compter sur mon soutien financier, quelle que soit l'audience.

— C'est pourtant l'audience qui décidera de son maintien en prime time.

— La belle affaire ! Elle reste en prime time, tant mieux... elle repasse à l'heure des bonnets de nuit, je n'en ferai pas une maladie. C'est un concept que je me suis offert, pas un espace publicitaire.

32

En sortant de chez « Sa Sainteté Bancaire », JR s'assoit à la terrasse d'un café. Il n'a rien d'autre à faire que tuer le temps. Tuer le temps... JR trouve cette expression épatante. Son inventeur devrait être décoré ! Un monstre marin expulse JR de ses pensées philologiques. Une grosse femme sans âge, boursoufflée par une surdose de malbouffe, déambule de sa dégaine pachydermique à quelques mètres de lui. Ce n'est pas tant sa silhouette difforme que son accoutrement qui heurte le regard. On dirait un ballon de baudruche fluorescent ! JR a noté que plus les femmes sont laides, plus elles s'habillent de manière provocante. Au lieu de masquer les vacheries de la nature, elles les mettent en exergue et les lancent aux yeux d'autrui comme une giclée de vitriol.

Où sont la pudeur et la dignité ? Où se cache le goût aujourd'hui ? JR y va de son « quart d'heure nostalgie », évoquant dans sa tête les films en noir et blanc de l'après-guerre, quand les acteurs étaient bien sapés et déclamaient dans un verbe châtié, sans collisions sonores entre des *shit*, des *bloody* et des *fuck*. Aujourd'hui, les visages du cinéma ressemblent à des terrains vagues, des chantiers en démolition. Les acteurs ne jouent plus, ils meublent. La mise en scène s'inspire des jeux vidéo et la zoologie a pris la place de l'érotisme.

JR suit du regard la femme-montgolfière. Une pensée nouvelle l'assaille. Depuis que les magazines féminins gavent leurs lectrices de régimes amaigrissants, de produits amincissants, de molécules commandos, d'omégas terroristes, d'antioxydants pires que les anti occident... il n'a jamais vu autant de femmes obèses. Celle qui est assise à la table voisine ne l'est pas. JR est très gêné car la fille lui plaît. Au milieu de toutes ses obsessions felliniennes, la réalité frappe à sa porte sous la forme de dents éclatantes, parfaitement alignées. JR lui renvoie un sourire gauche, pique un fard, règle l'addition et s'enfuit sous le regard interloqué de la fille.

33

CE MÊME SOIR, on enregistre la première d'*Intellocratie* en prime time. L'action se situe à Saint-Germain-des-Prés où, selon la chanson, il n'y a plus d'après. JR espère bien qu'il y aura un « après Intellocratie ». A l'instar des grands philosophes, des bâtisseurs de l'esprit, il compte laisser la trace d'un visionnaire dans la société de demain. Comme les émissions-pilote testées sur les oiseaux de nuit, la première percée « intellocratique » à heure de grande écoute a pour cadre LA brasserie. *The* Brasserie. Celle où l'on bouffe du *mainstream* en plat du jour. Vous reprendrez bien un petit verre de ce nectar socialement tendance ? Le Tout-Paris qui pense aligne son regard sur celui des projecteurs illuminant la table où l'on tourne la « grande émission culturelle » de la « première chaîne ». *Première* chaîne.... Pour la *première* fois, La Chaîne voit son hégémonie échapper à la classification commerciale.

Une annexe des toilettes, celle réservée aux handicapés, a été transformée en salle de maquillage. JR adore se faire maquiller. Son côté féminin, peut-être. Serais-je un hermaphrodite cérébral ? Pense-t-il avec horreur, les yeux fermés, le pinceau aux poils soyeux balayant ses paupières. Très vite, il chasse cette idée intruse pour se laisser glisser sous le velours de la main caressante qui lui procure une légère érection. Dès les premiers durcissements, son esprit sonne le branle-bas de combat. Il en focalise toutes les forces contre cette bosse immonde. Vu la taille de son sexe, elle a toutes les chances de passer inaperçue... mais rien qu'à l'idée de sentir DVD à ses côtés, JR panique. Le beau Didier se fait maquiller sur le fauteuil voisin. Il ne parle guère, comme d'habitude, mais remarque tout. La moindre saillie ne lui échappera pas. JR sent la chaleur envahir ses pommettes. Le trac de la prise d'antenne s'efface devant celui de la bandaison. Ouf, le maquillage est terminé. Retour au réel, exit le fantasme. JR rouvre les yeux. La fille est un boudin, il débande très vite. DVD n'a pas dit un mot. Il lorgne le présentateur d'un regard ironique. Ça ne dit pas s'il a remarqué quoi que ce soit... Di Love promène toujours ce même regard sur ses semblables. Enfin, « semblables » n'est pas vraiment le terme idoine ; DVD ne se connaît pas de semblable.

C'est le moment de la mise en place. Les gladiateurs font leur entrée dans l'arène. Le bruit des couteaux et des fourchettes s'interrompt. Les convives « payants » se préparent au spectacle. Claude attribue les fauteuils. La scripte note les derniers détails. Le réalisateur fait une ultime apparition avant de regagner la régie improvisée dans un salon particulier. Dès lors, il communiquera à travers des haut-parleurs disposés autour du plateau. Toute la salle peut entendre les ordres. Les fourchettes ne reprennent pas leur travail. Les « payants » tenus en haleine. Claude installe deux figurantes autour de la table. Pour *faire vrai*, pour faire *dîner parisien entre couples*. Deux femmes décoratives. Elles vont croûter à l'œil ; c'est leur pige. Le plaisir et l'honneur de « passer dans *Intellocratie* » en plus.

Le réalisateur est de la vieille école. Il a largement dépassé les soixante-cinq berges de la retraite. Il a connu la télé de papa et La Chaîne du temps du Service Public. Il a débuté comme assistant, avec Claude Darget, Georges De Caunes et « Big Léon ». Il déjeune jusqu'à pas d'heure, boit sec et ne tient pas sa langue. Il n'a pu négocier le tournant socialement et financièrement correct de La Chaîne quand elle a fait son entrée dans le monde aseptisé du Capital, mais il s'en fout royalement. Syndiqué jusqu'au bout des ongles, il est intouchable. Simplement, il doit se contenter des programmes dont personne ne veut (aucun des réalisateurs en vue de La Chaîne n'a souhaité associer son nom à celui d'une émission culturelle en prime time. Alors, on a gardé celui qui a essuyé les plâtres). Ça lui permet de faire des heures sup au resto. Histoire de gonfler les « verres de contact », comme l'écrivait Blondin sur ses notes de frais. C'est un mec comme l'aiment les techniciens. Toujours prêt à faire une bonne blague dans les secondes qui précèdent le tournage. Il prend le micro :

— Tenez-vous prêts, les gars, on va y aller !

Puis, à l'attention d'une des deux figurantes :

— Ton p'tit croupion, ma cocotte, hummmmm... regarde, il fait bander JR.

On entend un « Oh » de stupéfaction dans la salle du restaurant et JR devient rouge pivoine. La maquilleuse sort en catastrophe pour lui remettre une petite couche de fard sur les joues. Claude, qui a souvent travaillé avec le réa, lui adresse un clin d'œil complice. Le beau Didier reste impassible. Il échange avec JR un sourire condescendant.

— Arrête de te trémousser comme ça, ma jolie, insiste le réa, ça me rend tout chose. Bon, tout le monde il est prêt, on peut y aller ? Ça tourne !

L'émission se déroule en trois périodes, entrecoupées de reportages préenregistrés censés faire réagir l'invité. Durant la première, JR interroge DVD sur son œuvre. Très pro, l'auteur se montre alors disert. Il vend sa soupe avec une diction parfaite. On sent qu'il connaît son rôle. Devant un joueur de ce calibre, JR renvoie la balle avec talent.

PUB.

Dans la deuxième période, JR fait parler DVD sur ses inspirateurs. La formule fait sourire l'écrivain.

Apparaît alors le mythique et mystique Althusser. JR n'a toujours rien lu de lui mais il l'a bien « travaillé ». Comme un étudiant en fac de Lettres. Appuyé par le sujet bien senti d'un jeune de l'équipe, il marque quelques passing-shots qui surprennent son vis-à-vis.

PUB.

Le troisième volet du triptyque est consacré à Didier Van Demelenaere, l'homme. Qui est-il ? Qu'aime-t-il ? Comment baise-t-il ? Aurait dit le réalisateur. Béatrice l'a briefé. C'est son boulot. JR a en main les bonnes questions. Il aime s'inspirer du questionnaire de Proust :

— Quelle est votre occupation préférée ? demande-t-il, en fin d'émission.

La plupart du temps, on lui sort une banalité. Les écrivains sont des hommes comme les autres ; ils aiment le sport, la bouffe, le jardinage, voire le bricolage. JR prend la réponse de DVD en pleine tronche :

— L'occupation allemande.

On perçoit un murmure dans la salle. Certains convives s'esclaffent, d'autres s'offusquent. Les techniciens de plateau sont hébétés. Claude, qui pourtant en a vu des vertes, des pas mûres et des carrément immangeables, reste coite. De la régie, le réa éclate de rire... mais personne ne l'entend. Pris de cours, JR cherche un bon mot pour rebondir.

— Vous voulez dire que vous aimez la musique romantique. De Schumann à Mahler, n'est-ce pas ? Les Allemands adorent la musique romantique.

Le très courtois et réservé DVD n'a ni la réputation ni le physique d'un provocateur. D'une phrase, il a réduit en miettes JR et toute l'équipe d'*Intellocratie*.

— Ce doit être ça, oui, conclut-il avec un sourire entendu.

Dans la demi-heure qui suit le clap de fin, on tourne les plans de coupe. Gros plans des intervenants ou plans larges du restaurant en faisant signer une décharge aux clients qui se trouvent dans le champ des caméras. Puis on remballe le matériel et on libère le coin du tournage pour la coupe de champ qu'offre le patron de l'estaminet à l'équipe. Quand on se retrouve le bec à l'air, boulevard Saint-Germain, la brasserie procède à la mise en place du second service. C'est l'heure de sortie des théâtres.

Le lendemain, montage. Salle de post-production dans une boîte privée. Myriade de téléviseurs qui scintillent dans le noir, comme un pavage de diamants. Sont présents JR, le monteur naturellement, Claude, la cheffe de prod' et la scripte. Le réalisateur a fini son boulot. En aval, ce n'est plus son affaire. Normalement, il aurait dû « driver » le monteur en suivant le conducteur, mais il préfère prolonger son déjeuner. A plus de soixante-cinq berges, on ne va pas lui chercher des poux dans la tête pour une émission de quotas.

Emigrée du royaume des insomniaques.

Pour arriver au PAD (prêt à diffuser), il faut compter une seule journée car les sujets préenregistrés ont déjà été montés par leurs signataires. A la fin du montage, JR se tourne vers Claude :

— On coupe l'occupation allemande... qu'est-ce que t'en penses ?

— C'est drôle.

— Peut-être, oui, mais pas du meilleur goût. Ça ne passera jamais à la mammographie.

— La mammographie ?

JR affiche un sourire indulgent. Claude vient de l'extérieur, elle ne connaît pas les arcanes de La Chaîne. Il explique :

— Le chef du Service de Conformité s'appelle Jean Mamot. La Chaîne s'est tellement pris de procès au cul...

Voilà qu'il s'exprime comme un camionneur ! JR se reprend :

— La Chaîne a perdu tellement de procès qu'elle a donné à Mamot les pouvoirs d'un Ayatollah. Il contrôle tout, vérifie tout, passe l'écran à l'IRM jusque dans les moindres recoins. Il n'y a pas un millimètre carré qui lui échappe. Mamot... mammographie, tu piges ? « L'occupation allemande », c'est un coup à se retrouver avec le CRIF au cul (merde, peste JR intérieurement, qu'est-ce qui m'arrive !). Enfin, je veux dire, on risque d'avoir des problèmes avec les associations juives. Vaut mieux couper avant qu'après la mammographie ; on gagne du temps.

— C'est de l'autocensure, dit Claude.

— Ça s'appelle aussi l'esprit pratique, répond JR.

Ce n'est pas à toi que j'apprendrai combien coûte une heure de post-prod ! C'est comme ça qu'on raisonne à La Chaîne. On n'est plus au temps de Coluche.

— C'est triste.

— Oui. Et puis, je vais te dire, ma réponse n'est pas bonne. DVD m'a pris de cours, j'ai manqué de repartie. Je crois qu'il vaut mieux virer tout ça.

— Ça, c'est de l'autocensure positive.

JR répond par un sourire niais et donne ses ordres au monteur, qui exécute machinalement son rôle de chirurgien presse-boutons en pensant aux heures de récup' que la valse-hésitation des artistes lui accorde généreusement.

CHARITÉ CULTURELLE

JR A LE TRAC. Cette fois, c'est le vrai trac. Celui du débutant.

Cocktail de lancement de son roman. Il réalise un vieux rêve. Tout ce que Paris compte de plumes, de micros et de caméras est là. C'est la messe du couronnement, l'adoubement du chevalier des lettres.

La maison d'édition joue gros car personne n'a aimé le livre. Mais il est bon d'avoir « dans son écurie » la bête qui fait la pluie et le beau temps dans les librairies. Quand JR sera passé de mode, on l'enverra au pilon avec son bouquin. Car, pense l'éditeur, un mec comme ça ne peut pas durer. Le temps finira par lui régler son compte. Il faut donc tout miser sur un coup, comme à la roulette. Le rouge et le noir.

En plus, c'est littéraire !

L'éditeur a fait tapis sur le rouge.

Comme chante le petit Charles (par opposition au

Grand), ils sont venus, ils sont tous là : TTRO accompagné de Véronique, sa nouvelle conquête (ou serait-ce l'inverse ?), DVD et ses butineuses romantiques, RF et le bataillon marketing de La Chaîne, Michel, le chien fidèle et sa jalousie inconsciente, BWV et sa rancune mondaine, Tantine et les Tantinettes, Régis, le penseur solitaire, Claude avec sa casquette cubaine et ses rangers de Marines… enfin Béatrice, qui attend d'être sûre que tous les photographes de la presse *pipole* soient là pour se jeter au cou du roi de la fête. Quand celle-ci bat son plein, elle attire JR dans un coin.

— Je passe demain, dit-elle, un voile de défi dans le regard.

— Tu passes où ?

— Ben, au tribunal.

Distrait par l'arrivée de quelques huiles auxquelles il adresse un salut amical, JR ne saisit pas immédiatement.

— Tu te souviens quand même, s'offusque Béatrice, que je suis en procès avec mon chirurgien.

— Ah oui. Et alors ?

— Je passe demain.

Retour à la case départ. Manifestement, JR est ailleurs. La Sauterelle insiste :

— Tu sais quoi, dit-elle en lui tirant la manche, j'ai été voir un artiste qui a eu maille à partir avec ce toubib.

— Ah oui ?

— Tu sais, Bisard le comique.

— Ah bon.

— Il a fait un procès au chirurgien.

— Ah oui ?

— Rapport à sa femme.

— Ah bon.

— Il lui avait loupé les seins.

— Ah oui ?

— Tu sais ce qu'il m'a dit, Bisard ?

— Non.

— Il m'a dit : « Casse-toi poufiasse, ce connard m'a coûté assez cher pour que j'en remette une couche ! »

— Ce ne sont pas les paroles d'un gentleman.

— C'est tout ce que tu trouves à dire ?

— De toute façon, ce procès est grotesque, tranche JR. Le chirurgien t'a parfaitement réussie.

— Oh, tu vas pas r'commencer....

34

QUELQUES JOURS PLUS TARD, JR trouve dans sa boîte aux lettres une invitation à un week-end de « charité golfique ». Sur le second volet du bristol doré sur tranche, il découvre une proposition d'initiation.

Pourquoi pas ?

Le lieu est incitatif (Hôtel du golf à Deauville), la météo optimiste, la cause juste (les organisateurs récoltent des fonds pour les enfants atteints du cancer) et le comité d'honneur prestigieux : derrière les noms d'une ex-première dame de France, de son factotum, un médaillé d'or de judo, et du professeur Caillebotte, la caution médicale, suivent une kyrielle de célébrités du spectacle, des médias, de la politique, plus quelques pièces de musée sorties du Gotha.

Après avoir réceptionné sa chambre, dont la fenêtre donne sur le green du trou n°18, posé ses bagages, pris un verre au cocktail de bienvenue puis échangé un regard complice avec des célébrités qui rêvent d'être invitées dans *Intellocratie*, JR se dirige vers le stage d'initiation qui commence au practice. Le groupe est divisé en paires ; il fait équipe avec Justine, présentatrice d'une chaîne d'info continue. Elle occupe le tapis qui précède le sien et, au moment de taper des balles, JR ne voit que sa crinière blonde et son joli fessier, cambré dans un jeans ultra moulant. Il adore les petits croupions féminins bien ronds et la confusion s'empare de son esprit. Il rate tous ses coups. Ce jeu l'énerve. Trop difficile, trop technique. Trop accaparant. Il a envie de tout laisser tomber quand le professeur propose de se rendre sur le parcours. Après avoir vu le côté pile de Justine, JR découvre alors le côté face. Il ne lui savait pas une aussi belle poitrine. Elle a aussi le teint frais, cet air *healthy* des actrices de séries B californiennes, assorti d'un minois à la mode, formaté aux exigences de la télé qui l'emploie. D'un coup, le ciel se couvre, les nuages noircissent, le vent se lève.

Typique variation climatique à la normande (4 saisons en 24 heures).

JR lance un regard inquiet vers le ciel qui ne lui laisse pas le temps de vérifier son pressentiment. Il s'épanche généreusement sous la forme d'une averse fulgurante qui sonne la retraite désordonnée du groupe vers le Club house. Une heure plus tard, Justine et JR sont encore en train de se sécher au bar. Ils ont eu largement le temps de faire connaissance.

— J'adore ton émission, dit-elle en adoptant le

tutoiement journalistique. Pour le coup, c'est génial d'avoir mis la culture à la portée de tous.

— Merci, répond sobrement JR.

— C'est très courageux de ta part, poursuit Justine, de défier le dieu Audimat sur une grande télé commerciale. D'habitude, on gave les gens de sucreries parce que c'est facile à bouffer et que ça crée une dépendance. Pour le coup, tu m'apparais comme le gastronome de l'intellect. Avant de régaler, tu éduques... au risque de rebuter. Car ton principal adversaire, pour le coup, c'est le temps. Sur la durée, c'est sûr que tu gagneras, JR, mais les technocrates de La Chaîne t'en laisseront ils le temps ?

— J'espère bien, dit JR.

Il cherche à appuyer cet argumentaire par une remarque spirituelle, mais ne trouve rien. Du coup, il se replonge le nez dans son Lagavulin seize ans d'âge pour garder sa contenance, au détriment de celle de son verre. La journaliste, elle, est intarissable.

— J'ai été fascinée par ton analyse de l'œuvre de Radiguet. Quelle façon d'aller à l'essentiel, quelle concision !

— Elle était plutôt concise, note JR. Mort à vingt ans, il n'a pas eu la même bibliographie que Victor Hugo !

Justine n'écoute même pas la première remarque que JR juge intelligente. Elle poursuit son idée :

— Pour le coup, on reconnaît le talent d'un chef

d'orchestre à sa manière d'impulser la communication. Ne crois-tu pas ?

Sans même laisser à JR le temps d'acquiescer, Justine fait valser sa crinière blonde avec une spontanéité très étudiée, puis reprend :

— Radiguet est un de mes auteurs préférés. Comme toi, c'est un révolutionnaire.

Le grand mot est lâché ! JR se réfère souvent à une citation de Stravinsky, qui savait de quoi il parlait : « *Pourquoi charger le dictionnaire de ce terme ronflant qui désigne, dans son acceptation la plus habituelle, un état de trouble et de violence, alors qu'il existe tant de mots propres à désigner l'originalité ?* » Il voudrait la reprendre à son compte mais Justine ne lui en laisse pas le temps :

— Pour le coup, tu es une sorte de guérillero de la culture... j'espère qu'ils n'auront pas ta peau.

— Qui ça « ils » ?

— Ben, les costards trois pièces. Les fossoyeurs de la pensée, ceux qui réfléchissent, pour le coup, à travers les courbes et les graphiques de leur smartphone.

JR accepterait volontiers de réfléchir sur ses courbes à elle... mais cette fille qui répète sans arrêt « pour le coup » commence à lui taper sur le système. Elle a pris le tic des hommes politiques dont elle récite bêtement les faits et gestes devant son prompteur : le « Séman-tic ». JR n'est pas peu fier de cette trouvaille.

Un rayon de soleil reparaît soudain. Il saute sur l'occasion.

— On dirait que l'averse est passée. J'y retourne.

— Très peu pour moi, répond la blonde. J'ai assez donné. Je vais remonter dans ma chambre et, pour le coup, me préparer pour le dîner.

JR rit intérieurement. Le dîner a lieu dans quatre heures ! Pour le coup (merde, voilà qu'il s'y met lui aussi !), puisque la fille ne retourne pas au golf, il n'a pas besoin de chercher une échappatoire. Il va donc aller faire un tour sur les planches et peut-être même à la plage, si le temps se maintient.

Lavé par l'averse, le ciel est diaphane. Il fait chaud. La plage se remplit aussi vite que le boulevard Beaumarchais un jour de manif. A l'abri d'un parasol-tente, allongé sur un transat matelassé, il écoute – difficile de faire autrement – les conversations voisines.

— Tu sais que j'ai trouvé des croquettes kasher ?

— Non ? J'en cherche partout pour mes chiens !

— Va chez Carrefour, la vérité ! Brigitte les a dévorées.

— Brigitte ?

— Mon bouledogue.

Par un miracle qui ne le restera pas longtemps, le parasol mitoyen de celui de JR est libre. Arrive alors un couple de Chinois précédés par le plagiste, qui les installe. Dix minutes plus tard, ils sont quinze, caquettent en grand tintamarre et crachent des os de poulet comme on postillonne. JR décide qu'il en a assez vu et entendu.

De retour à l'hôtel, il passe un blazer bleu marine à

écusson, choisit une cravate club, s'enveloppe d'un nuage de patchouli et descend pour le cocktail. La salle est bruyante. La plupart des convives sont massés devant la rotonde qui domine le fairway du 18. JR repère Justine parmi un groupe de journalistes. La fine fleur de la presse bobo. Il se dit qu'il n'a rien à faire là-dedans. Son regard croise celui de Justine. Elle esquisse un sourire puis tourne la tête. JR sait qu'il a perdu la partie. Le plus triste, c'est qu'il l'a perdue avant même de l'avoir commencée. Pour le coup....

On passe à table. JR suit du regard la journaliste, très appétissante dans un tailleur sage qui semble peint sur sa peau. Il déteste le baba cool qui ne cesse de lui parler et se déteste encore plus. Le repas est succulent et les douceurs qui le concluent, abondantes. JR est assis entre un petit acteur aux cheveux teints en blond, dont le visage lui est vaguement familier, et un toubib golfeur chauve et bronzé. L'acteur se montre très empressé envers lui. Est-il homo, veut-il passer dans son émission... ou les deux ? Son égocentrisme paranoïaque le gonfle (oui, il aurait dû employer le verbe « irriter »... et puis, merde !). Des incompris persécutés, le monde des arts, des lettres et des médias en est rempli. La Sainte Inquisition s'est *« updatée »*, comme dit le sabir des nouvelles technologies. Le blond décoloré gesticule avec sa fourchette, comme s'il cherchait à se protéger d'une armée invisible : les producteurs lui en veulent, les réalisateurs lui en veulent, la presse lui en veut et ses amis sont des traitres. JR se demande comment échapper à ce génocide artistique quand le toubib vient à son secours :

— Voilà le point d'orgue de la fête ! dit-il, énigmatique.

Le toubib golfeur est la caricature de Séfarade en week-end à Deauville. Il en a le physique, l'accent, les manières... mais aussi la jovialité et cette faconde gorgée de soleil qui donne à la Manche des airs de Méditerranée. De son couteau maculé de chocolat fondu, il désigne un homme qui marche dignement vers l'estrade, sous les applaudissements de la salle.

— Voici le professeur Caillebotte. Chez nous, on le surnomme « *L'extrême ponction* ». Vous allez comprendre pourquoi.

L'homme a une voix bien timbrée, au légato parfait, soutenue par une sono de qualité. On sent l'habitude du micro, des projecteurs, du public. Le contenu : un descriptif précis, quasiment visuel, des enfants atteints du cancer. Leurs souffrances morales et physiques dans une langue médicale accessible à tous. Pas de pleurnicherie gratuite, du concret, du pragmatique. De la vulgarisation *high tech* !

— Vous voyez, hurle le voisin de JR pour couvrir l'ovation, il vient de nous rendre coupables d'être bien portants. Maintenant, il ne reste plus qu'à sortir son Cartier en or et à signer le chèque pour se déculpabiliser. Le professeur Caillebotte répète son numéro un peu partout en France et je vous garantis que ça rapporte plus qu'une tournée des Stones !

— Quel mal y a-t-il si ça peut aider ces pauvres enfants ? s'indigne JR.

— Le mal c'est que, précisément, ça ne les aide en rien.

Devant le regard interrogateur de JR, le toubib s'explique :

— Le professeur Caillebotte préside moult associations qui ont pour point commun d'élire domicile dans les paradis fiscaux. Notre « Extrême ponction » s'arrange pour qu'il y ait toujours une banque à côté d'un hôpital. Car le bonhomme lève des fonds considérables qui se faufilent ensuite dans des engrenages mystérieux. Les pauvres enfants, comme vous dites, n'en voient pas beaucoup la couleur... mais le bon professeur se justifie en disant qu'une organisation aux ramifications internationales génère de nombreux emplois. Comme il a de solides appuis politiques, c'est un argument massue.

Comme pour illustrer ces propos, une ex-première dame de France monte sur scène, petit écureuil sautillant à côté du champion olympique de judo, recyclé dans le *Charity business*. Elle adresse sa « profonde gratitude » à la « généreuse assemblée », remercie le professeur Caillebotte pour son œuvre, les « fidèles partenaires » malgré la crise, et procède à la remise des prix de la compétition de golf. A l'appel de son nom, le voisin de JR fait semblant d'être surpris, se lève sous les hourras des copains, s'incline et baise délicatement la main de l'ex-première dame, se fait broyer la sienne par le judoka, puis reçoit l'accolade du professeur Caillebotte qui lui remet un trophée étincelant, probablement déduit de la maigre obole que recevront les enfants cancéreux. JR applaudit machinalement. Il va devoir féliciter le récipiendaire et cela lui procure un certain malaise.

Dès que la bienséance l'y autorise, JR quitte la table et remonte dans sa chambre. Il n'a pas envie de dormir. Où est Justine en ce moment ? Dans les bras du baba cool aux cheveux longs, peignés à l'huile de vidange ? Se pourrait-il qu'elle soit allée se coucher... seule ? JR est tenté d'appeler la réception pour qu'on lui passe sa chambre, puis il se ravise. Si la fille est en pleine partie de galipettes, il va passer pour un con. JR ressent une grande lassitude, physique et nerveuse, mais le marchand de sable se fait attendre. Il branche la télé et zappe convulsivement dans l'espoir inavoué de tomber sur un film porno. Et puis, se souvenant qu'il s'était juré de ne jamais plus se souiller de la sorte, il se colle devant un documentaire sur la récolte du thé à Ceylan et trouve enfin le sommeil.

35

Le lendemain matin, JR quitte l'hôtel dès potron-minet. Il a une peur bleue de croiser Justine, une peur qui se transforme en panique quand il imagine qu'il pourrait se retrouver nez à nez avec le baba cool dans l'ascenseur. Mais à sept heures, l'hôtel est plongé dans une léthargie collective. Les bagagistes fonctionnent au ralenti et le concierge lève une lourde paupière en guise d'adieu.

Pour l'achat de sa nouvelle voiture – celle qui le ramène à Paris – JR a dû rédiger un gros chèque dont il ressent encore l'égratignure. L'écriture lente et ordonnée des six chiffres, devant le concessionnaire hilare, fut une souffrance. Et le commercial d'ajouter obséquieusement JR à la (longue) liste des stars qui roulent dans ses voitures, sur fond sonore d'un bouchon de champagne qui saute !

Sur l'autoroute vide du dimanche matin, les performances du moteur le laissent indifférent. JR s'est rendu acquéreur d'une nouvelle voiture uniquement pour se mettre en conformité avec son statut d'homme public. Le présentateur d'une émission de qualité sur une chaîne de grande audience ne peut décemment rouler dans une voiture dont un garagiste arabe ne voudrait pas. Il s'est donc lancé dans une étude d'image, à savoir : quelle grande marque correspond le mieux à son aura ?

BMW : trop nouveau riche. Mercedes : c'est la voiture des taxis ! Bentley : trop ostentatoire. Rolls : on n'en voit plus qu'au Moyen-Orient. Aston Martin : trop cher. Maserati : le chic vulgaire. Jaguar : trop british. Renault : l'inverse, trop franchouillard. Peugeot : trop bourgeoisie française provinciale, à l'esprit civique. Lexus : pas assez *customisé*. JR déteste ce mot mais l'emploie quand même. Alors ?... JR a sélectionné Audi parce que ça coûte cher et que ça ne ressemble à rien. C'est la voiture du richard inconnu, la jolie tôle qui n'agresse pas.

Au second péage, le téléphone, relayé par le système Bluetooth, retentit.

— C'est moi.

Une seule personne au monde se présente ainsi. L'enthousiasme de JR décroît aussi vite qu'une érection peu motivée.

— J'ai perdu, dit La Sauterelle.

— Ah bon ?

— C'est tout l'effet que ça te fait ?

— Ecoute Béa, je t'ai déjà dit maintes fois que ce procès était perdu d'avance !

— Je suis désolée mais, moi, je croyais en la Justice.

JR voudrait lui expliquer que la Justice n'a rien à voir là-dedans, que son lifting compensatoire fut une réussite, tout comme l'a été son nez, il voudrait lui faire comprendre que son insatisfaction relève plus d'un psy que d'un juge... mais il préfère attendre que la source (la salive) se tarisse. Une fois libéré de cette servitude dans les règles de la bienséance, JR sent son corps se détendre sur le cuir du siège ergonomique, détente accentuée par les premières notes des *Variations Goldberg* sous les doigts de Glenn Gould. C'est Michel qui lui a offert le CD, accompagné d'un de ses fameux jeux de mots : « J'ai pensé que les Variations *Gouldberg* te feraient plaisir. »

L'intérêt de JR pour Bach et pour la musique classique en général (la « Grande Musique », comme dit Tantine) est relativement récent. Il relève du marketing culturel mais JR ne se l'avouera jamais, croyant au contraire que *la spiritualité induite dans la musique contrapuntique du Kantor de Leipzig annonce la modernité de l'expression sérielle, dodécaphonique et même électronique.* Quand il reçoit à son domicile, le présentateur fait mine de se faire surprendre dans l'audition d'une œuvre de Stockhausen, écrite pour un chorégraphe qui a transformé la danse en électrochocs. Une fois le visiteur parti, il vire le pauvre Karl Heinz de la chaîne Hi-Fi pour reprendre pépé Jean-Sébastien, là où il l'avait laissé au premier coup de sonnette.

LE SCOOP

JR A FAIT UN RÊVE.

Cette nuit-là, son évasion onirique l'a emmené dans la jungle colombienne où, tel un super Indiana Jones, il bravera tous les dangers pour délivrer Astrid Caulaincourt, la femme la plus célèbre de France. Tenant l'otage d'une main ferme, il zigzague entre les lianes pour esquiver les tirs nourris de l'hélicoptère qui les poursuit. Des obus explosent à ses pieds, sa protégée se foule la cheville. Qu'à cela ne tienne ! Son bras puissant la soulève avec légèreté et l'emporte vers la liberté.

JR se réveille en nage, très agité. Après un atterrissage difficile dans le monde du réel, il prend une douche glacée pour se remettre les idées en place. Les idées... il vient d'en avoir une. Complètement folle ! Il se rase, expédie son petit déjeuner, saute dans son Audi et file à la télé. De la voiture, il appelle Michel.

— Te voilà bien matinal, constate celui-ci.

— J'ai une super idée.

— Accouche !

— Voilà. Je vais aller tourner un sujet sur les FARC.

Un blanc sur la ligne.

— Tu es là, Michel ?

— Ouais, mais j'ai bien peur de n'avoir pas saisi ton truc. Les FARC... tu veux dire, les fêlés qui détiennent Caulaincourt en otage ?

— Oui.

— Ceux qui ont zigouillé une poignée de sénateurs parce qu'ils étaient passés les voir à l'improviste ?

— Si l'on veut.

— T'es tombé sur la tête, mon pauvre vieux !

36

A LA CONF' du lundi, même son de cloche. Toute l'équipe d'*Intellocratie* se demande quelle mouche (tropicale) a piqué JR. La chef de prod, aujourd'hui habillée en Moudjahidin, prend la parole :

— Je ne pense pas que ce soit une bonne idée.

JR procède à un tour de table et obtient, peu ou prou, la même analyse. On lui dit que l'esprit d'*Intellocratie* ne donne ni dans le scoop ni dans le sensationnel et qu'un tel sujet relève du service de la Politique Etrangère ou de l'unité des Grands Reportages, mais en aucun cas du Service Culture.

— Je ne vois pas l'intérêt de risquer sa vie pour un sujet qui n'apportera rien à l'émission, dit Claude. Si encore elle ne marchait pas, je comprendrais qu'on tente un « coup » pour booster l'audience, mais ce n'est pas le cas. Tu as beaucoup plus à perdre qu'à gagner dans cette affaire.

JR sort alors son joker.

— Et si je te disais qu'un des gros bonnets des FARC est branché culture ?

— D'où tiens-tu cela ? demande Claude.

— Secret défense.

— Tu bluffes !

— Certainement pas, ma source est sûre. Evidemment, il faudra faire une enquête préalable, mais ça vaut le coup d'essayer.

— De se faire trouer la peau ?

JR esquive la question en répondant à la précédente.

— Ce n'est pas parce qu'une émission marche bien qu'il faut s'endormir sur ses lauriers. Qui n'avance pas recule.

C'est JR le patron. Avec amertume et résignation, l'équipe rédactionnelle se disloque.

37

DEVANT LES ASCENSEURS, JR « TOMBE » sur Dan, un Grand Reporteur qui a fait toutes les guerres, les famines, les sécheresses, les révoltes, révolutions, djihads, génocides et autres putschs, les tsunamis, les inondations, les pandémies, les tornades, les irruptions volcaniques, les attentats, les prises d'otages… dans les recoins les plus improbables de la planète où s'exhibe la laideur de l'être humain. Du cireur de chaussures de Djakarta au dealer d'Anchorage, son carnet d'adresses renferme un trésor de politicards, de militaires, d'industriels, de trafiquants, de nababs en tout genre ainsi que de « petites gens », chacun ayant, à son niveau, une utilité et un prix. Ce « catalogue », lui, n'en a pas ! Un jour, JR a dépanné Dan qui était dans la mouise. Il n'a jamais eu l'occasion de lui renvoyer l'ascenseur… cet ascenseur devant les portes duquel débute ce dialogue :

— Tu es introduit en Colombie ? demande JR.

— Qu'entends-tu par-là ? s'inquiète Dan.

— Tu as des contacts ?

— Ça dépend lesquels. Dans le gouvernement, sans problème... au Cartel, c'est plus dur.

— Et chez les FARC ?

— T'es maboule ou quoi ?

— Non, je suis sérieux. Et sain d'esprit, ajoute JR. J'ai entendu dire qu'un de leurs généraux est un fondu de littérature et de musique romantique. Une sorte de SS capable de gazer un wagon de déportés en versant une larme sur un accord de Brahms.

— Ah oui, *El Torcedor* !

— Tu le connais ?

— Grand dieu non ! Pas personnellement.

— Tu sais comment je pourrais le contacter ?

— En demandant à Trump son numéro de portable, mais je ne suis pas sûr qu'il l'ait.

— Je parle sérieusement.

Dan prend JR par la manche et l'attire dans une salle de montage vide. A l'abri des oreilles indiscrètes.

— Tu sais où tu t'embarques, JR ?

— Oui.

— Ton SS mélomane, c'est un premier communiant à côté du Torcedor. Si tu fous les pieds dans ce merdier, y'a neuf chances sur dix pour que tu restes tenir compagnie à la belle Astrid !

— Comme ça, elle se sentira moins seule.

— Ne rigole-pas, JR. On n'est pas chez le général Tapioca !

— Je sais.

— Non, tu ne sais pas. On n'est pas sur un plateau de télé où trois guignols font de la géopolitique en débardeur. Là-bas, la dialectique s'écrit à la Kalachnikov ! Aucune émission ne vaut qu'on risque sa peau. Si tu réussis ton coup, t'auras deux trois papiers dans la presse, basta. Si tu y restes, qui viendra te chercher ? Et si par miracle tu t'échappes, crois-tu qu'on te gardera ta place bien au chaud ? À La Chaîne, c'est comme dans le Colonel Chabert, on n'aime pas les fantômes.

— Je suis déterminé.

— Je t'aurai prévenu.

Dan sort un calepin de sa poche, arrache une feuille et griffonne un numéro de téléphone.

— Va voir Jonathan de ma part. C'est un Ecossais marié à une Colombienne. Il sait comment contacter El Torcedor ou alors il connaît quelqu'un qui connaît quelqu'un qui connaît quelqu'un qui sait. C'est tout ce que j'peux faire pour toi.

— C'est déjà beaucoup.

— Je considère que nous sommes quittes.

JR lui donne une tape amicale.

— Merci, vieux.

— Ne me remercie pas, ce n'est pas un service que je te rends.

A cet instant, l'interphone général grésille :

« Jacques Rabineau pour son bureau, Jacques Rabineau ! » JR compose le numéro de son assistante. Il reconnaît la voix de Claude.

— « Son Altitude » veut te voir immédiatement.

38

AU VINGT-QUATRIÈME ÉTAGE, JR est attendu. C'est RF en personne qui l'accueille à la porte de son bureau. Toujours la même odeur de miel.

— On me rapporte certaines rumeurs, dit RF, selon lesquelles tu envisagerais de te rendre en Colombie pour interviewer un responsable des FARC...

— C'est vrai.

RF lève les yeux et plante son regard dans les yeux de JR.

— Il ne faut pas.

— Pourquoi ?

— Parce que c'est trop dangereux.

RF tripote nerveusement le tuyau de sa pipe, puis s'explique :

— Le Directeur de la Rédaction a interdit certaines destinations aux grands reporteurs. La

Colombie – enfin, la zone contrôlée par les FARC – en fait partie. Je sais que tu ne relèves plus de son autorité, tu as ta propre unité de programmes, mais en tant que Directeur Général de l'Antenne, mon devoir est de te mettre en garde.

— Cela signifie-t-il que tu me l'interdis ?

— Non. Tu devrais savoir, JR, que je n'ai jamais rien interdit à personne. Je laisse à chacun son libre arbitre, mais je te conseille fermement de renoncer à ton projet. Ton émission n'a pas besoin de ce genre d'excentricités.

— Ce n'est pas une excentricité mais un vrai reportage dont le journaliste qui n'a jamais cessé d'exister en toi appréciera le sérieux.

— Ça veut dire que tu persistes ?

— Si tu ne me l'interdis pas officiellement, oui.

RF ouvre un tiroir de son bureau et en extrait un formulaire.

— Dans ce cas, je te demanderai de signer cela.

— Qu'est-ce que c'est ? demande JR en jetant un coup d'œil à l'imprimé.

— Une décharge dans laquelle tu reconnais avoir été informé des dangers de ton projet pour lequel – bla, bla, bla... je te passe les détails juridiques – tu n'attends aucun secours de l'entreprise qui t'emploie... en cas de malheur, évidemment.

— Autrement dit, résume JR, si je suis pris en otage, vous ne paierez pas la rançon.

— J'ai t'ai dit que c'était une folie, JR, mais tu es

un cadre responsable, animateur d'une excellente émission… je ne puis t'attacher à ton bureau avec des menottes !

— Sache que j'en assume toutes les conséquences.

— Dans ce cas, je te souhaite bonne chance.

Entretien terminé.

39

JONATHAN EST un solide gaillard d'un mètre quatre-vingt-quinze. Avec sa tignasse rousse et son regard bleu cobalt, on le croirait sorti d'un commando de l'IRA dans les années soixante-dix. A première vue, ce n'est pas un adepte de la périphrase. Juste après le standard « *Nice to meet you* », il lance :

— Ça vous coûtera trois mille euros. Vous les avez ?

— Ça doit pouvoir se faire, dit JR. En liquide, évidemment.

Aux yeux du colosse, il semble que le « évidemment » soit évident. JR, qui avait prévu une enveloppe, conclut le marché.

— Arrivé à Bogota, explique Jonathan, vous descendez au Tequendama et vous demandez Alvaro à la réception. Quand il se présente, vous lui dites : « *Como estan los frijoles ?* ». C'est le mot de passe.

— J'avais compris.

— Vous parlez espagnol ?

— Disons que oui… euh… enfin… à la fac, j'ai…

— Vous parlez espagnol ou pas ?

— Disons que je me débrouille.

— Ok. Ça facilitera les choses. Donc, vous lui demandez « *Como estan los frijoles ?* » et Alvaro doit vous répondre : « *Mejor con vino chileno* ». Dès lors, le contact sera établi et vous n'aurez plus qu'à vous laisser driver. Compris ?

— C'est très clair.

— Dans ce cas, je vous souhaite bonne chance.

Le « Bonne chance » écossais est nettement moins liquoreux que celui de RF. Leur entretien n'aura pas duré une minute. Ce qui fait, calcule JR, cinquante euros la seconde. Exorbitant pour un tour-opérateur, il est vrai… pas tout à fait comme les autres.

40

Retour à La Chaîne. Nouvel écueil.

JR n'a pas de JRI.

Son ordre de mission est resté sans écho. Au Planning Caméra, on lui explique que son tournage coïncide avec une période de vacances scolaires et que les effectifs ont réduits. Les JRI disponibles sont tous en mission et ceux qui restent doivent assurer la permanence. Veut-il un pigiste ? Le cas échéant, on peut essayer de lui en trouver un. Qu'à cela ne tienne, JR s'en chargera lui-même. Quelques coups de téléphone plus tard, il engage Thierry, vieux complice de ses premiers reportages quand lui-même était pigiste. Thierry l'est resté… pas le genre à avoir un port d'attache. Il dit à JR qu'après l'Afghanistan, la Syrie et le Mali, un petit tour en Colombie sera pour lui une reposante villégiature.

— Même chez les FARC ? Insiste JR, qui veut s'assurer que son copain est conscient des risques encourus.

Mais Thierry sait à peu près tout des turpitudes de ce monde. Il a roulé sa bosse aux quatre coins de l'univers, il a tout vu, tout entendu et dit à JR :

— Il y a des pays où la vie d'un enfant équivaut à celle d'une fourmi. Sur ces mecs-là, t'as aucune prise… un peu comme si tu trouvais un serpent minute dans ton lit. Quand t'as vécu ça, mec, t'as plus peur de rien.

JR a la chair de poule. La sonnerie de son téléphone fixe le ramène vers la Civilisation.

— Je te laisse, on m'appelle sur une autre ligne.

Il décroche le combiné et reconnaît le légato suave, légèrement nasillard, de la voix la plus célèbre de France.

— Tu déjeunes ? demande TTRO (implicitement : avec moi).

A cette question, personne n'a jamais répondu non. JR ne sera pas le premier félon. Il se dit enchanté de partager le déjeuner de TTRO et, sitôt raccroché, annule celui qu'il avait prévu avec Régis. Tant pis, il lui demandera son avis sur l'expédition colombienne un peu plus tard.

TTRO reçoit JR dans le salon particulier d'un grand restaurant de la place Gaillon où il espère, un jour, faire l'objet de la délibération suprême pour l'attribution du Prix Goncourt. Pour l'heure, il réagit toujours en grand prêtre de l'info et dit à JR :

— C'est bien, ce que tu vas faire.

— Quoi donc ?

— Ton expédition chez les FARC.

— Ah ! s'exclame JR. Tout le monde me conseille de renoncer.

— Pas moi. J'admire ton courage.

Venant du grand TTRO, ce compliment est un délice de fin gourmet.

— Je te remercie, dit JR, mais tu es bien le seul.

— Il n'y a pas beaucoup de vrais journalistes dans cette maison. Le métier se perd.

JR déguste les éloges du *grand homme* comme il déguste son bar de ligne « cuit dans son jus, tout simplement ». Tout simplement, Tom Roc lance :

— Si tu peux me ramener une interview de Caulaincourt... ce serait un bon sujet d'ouverture pour le 20 heures. Avec toi en plateau, bien sûr.

— Je ferai ce que je pourrai, Tom. Il faut déjà que j'arrive là-bas !

— Bien sûr. Prends garde à toi... *take care !*

41

Le Tequendama est un hôtel comme un autre dans sa catégorie : luxe standardisé. Il pourrait dresser son buste bétonné sur n'importe quelle partie du globe, tant il s'identifie à ces chaînes qui ont pratiqué la mondialisation bien avant qu'on en parle. Ici, tout est international : la langue (le globish Anglo-américain), la bouffe aseptisée, la musique dans les ascenseurs (Mozart habillé par un couturier de l'électro-acoustique qui n'a probablement pas fait ses études à Salzbourg) et l'architecture des chambres, davantage versées dans le multimédia que dans le romantisme néo-vénitien. Seule la tête des employés rappelle qu'on est plus proche des Incas que des Vikings.

Sitôt arrivé, JR procède au *check in* et se fait conduire dans sa chambre. Comme tout journaleux, il allume la télé avant même d'avoir desserré sa cravate et zappe frénétiquement jusqu'à ce qu'il tombe sur

CNN. Et là, stupeur ! Il voit Astrid Caulaincourt dans les rues de Bogota, levant triomphalement le bras vers une foule de supporters anonymes. En bas de l'écran, le sous-titre qui tue :

FREE AT LAST !

JR plonge sur le téléphone de la chambre et appelle celle de Thierry.

— Tu as vu ce que je vois ?

— Non.

— Mets CNN !

Deux trois secondes, quelques clics et l'exclamation qui dit tout :

— Oh, nom de dieu !

— Remballe le matos ! ordonne JR. Je sonne la retraite, on n'a plus rien à faire ici.

Pour JR, désormais, le problème n'est plus journalistique. Il s'agit de regagner au plus vite la mère patrie, sans perdre la face… et trop d'argent. Cette expédition lui ayant été déconseillée par qui de droit, il lui faut limiter les dégâts. Il se précipite à la réception pour faire annuler les réservations et trouver, si possible, un vol de retour. Ce faisant, il croise un groupe très animé au milieu duquel il croit reconnaitre… non… ce n'est pas possible…

— Madame Caulaincourt ?

Surprise de s'entendre apostrophée en français, l'ex-captive se retourne et s'arrête. Autour d'elle, le groupe est figé. JR s'approche et se présente.

— Jacques Rabineau de La Chaîne.

— Enchantée, fait Astrid Caulaincourt en tendant la main. Votre nom me dit quelque chose.

— *Intellocratie.*

— Ah oui, excellente émission. Je la regardais souvent en captivité, sur TV5.

JR profite de cette flatteuse introduction pour se lancer :

— M'accorderiez-vous une interview, là maintenant ? C'est l'affaire de quelques minutes, j'attends mon caméraman.

— C'eût été avec grand plaisir, monsieur Rabineau, d'autant plus que j'adore votre émission. Malheureusement, je viens de signer un contrat d'exclusivité avec CNN. Vous seriez arrivé dix minutes avant…

JR a l'impression que le sol s'effondre sous ses pieds. Il ne sait plus quoi dire et bafouille une banalité.

— Bon, eh bien… tant pis. En tout cas, vous me voyez réjoui de vous voir en aussi bonne forme. Vous n'avez pas la mine de quelqu'un qui sort de l'enfer.

Astrid Caulaincourt balaye de la main sa longue chevelure ébène et dit avec un sourire indulgent :

— Cette mine ne m'a jamais quittée, monsieur Rabineau. Ils ont d'excellents studios de maquillage dans la montagne… il fallait bien justifier la rançon. N'allez pas raconter ça à l'antenne, surtout pas ! De toute façon, je démentirais. Désolée pour votre émission, monsieur Rabineau. Ravie de vous avoir rencontré.

Elle tend la main et tourne les talons. Le groupe

reprend sa marche et Thierry débarque juste à ce moment, bétacam en bandoulière.

— Dis donc, lance-t-il à JR, on dirait Astrid Caulaincourt… là-bas… de dos !

Pour la première fois de sa vie, JR ressent l'envie de tuer.

42

Paris.

Enfin Paris. Hélas Paris.

A peine JR vient-il de poser les pieds sur le sol français que les ennuis commencent. Coup de téléphone de Claude.

— Il faut que tu passes au bureau, fissa !

— Pourquoi ?

— Tu verras en arrivant. Allez, grouille !

— Mais je viens de me taper 24 heures d'avion en moins de deux jours...

— Grouille, j'te dis. Y'a le feu !

JR, qui rêvait d'une bonne douche et d'une petite sieste, demande au taxi de changer d'itinéraire. Direction La Chaîne ! Claude l'attaque de front sans même lui laisser le temps de poser ses valises.

— Le petit nous quitte !

« Le petit » est – était – un jeune de l'équipe d'*Intellocratie.* Ancien pigiste du Service Culture, il avait été titularisé lors du lancement de l'émission. JR tombe des nues car il le tenait pour un élément fiable.

— Pourquoi ? demande-t-il.

— Parce que ton couac de Colombie est déjà la risée de la presse spécialisée. Il a demandé à changer de service, pour éviter les éclaboussures. Sa demande a été acceptée.

Ça ne sent pas bon, se dit JR, mais il faut parer au plus pressé.

— On doit le remplacer.

— C'est bien ce que je me suis dit et je ne t'ai pas attendu pour prendre les devants. Je t'ai calé cinq rendez-vous dans l'après-midi.

— Je n'ai même pas le temps de rentrer chez moi me changer ?

— Non, mais tu as celui de m'inviter à déjeuner.

A 15 heures, JR expédie les cinq postulants. Il n'a pas eu grand mal à faire son choix. Le premier affirmait que Sergio Leone était un état africain, le second jurait que *L'éducation sentimentale* avait pour auteur le Marquis de Sade et le troisième croyait que le Douanier Rousseau était le chef de la Brigade des Stups. JR reçoit ensuite une beurette sûre d'elle et arrogante qu'il écarte, non en raison d'impéritie culturelle mais parce qu'il voit en elle une fauteuse de trouble potentielle. Heureusement, le cinquième est le bon. Une belle panoplie de diplômes, un bon niveau de culture générale, un esprit ouvert, pour finir par un ego dont le tour de taille lui permet (encore) de s'adapter au travail collectif.

Hélas, il y a un *souci*, comme disent les midinettes de bureau. Le surlendemain, JR est convoqué par le directeur des Ressources Humaines, *himself*. But de l'opération : faire comprendre au patron d'*Intellocratie*, en langage ethniquement correct, qu'il doit réengager dare-dare la beurette.

— On va avoir SOS racisme et je ne sais quelles autres associations de bronzés sur le cul ! Y'a une loi maintenant... t'as dû en entendre parler aux infos, non ?

Le DHR agit socialement correct mais parle socialement incorrect. C'est un ancien du BTP, plus habitué à faire du social sur les chantiers par -10° que dans les alcôves climatisées. JR contre-attaque :

— La loi protège certaines catégories socio-ethniques d'une injuste ségrégation, mais elle ne dit pas qu'on doit engager une personne que l'on juge incompétente, sous prétexte qu'elle appartient à telle ou telle communauté.

— La loi non... mais l'avocat de SOS racisme le plaidera et il gagnera. On n'y peut rien, mon vieux, c'est tendance. Tu connais les juges, tu sais comment ils votent....

A bout d'arguments, lessivé par le voyage, plombé

par le décalage horaire, écœuré d'avoir fait tout ça pour rien, JR plie. Maigre consolation, le DRH lui donnera un coup de main pour expliquer au « petit jeune plein d'avenir » pourquoi on lui a retiré son avenir.

CUPIDON S'INVITE À LA FÊTE

NORMALEMENT, Cupidon utilise un arc et des flèches. Mais dans le monde moderne, il a recours aux seringues. L'amour est une drogue et Cupidon, le plus angélique des junkies. Il frappe (ou pique) là où on l'attend le moins.

En voici deux exemples :

1) RF :

Ce vieux cœur desséché dont les palpitations amoureuses n'ont pas affolé l'électrocardiogramme depuis longtemps, mène une vie sentimentale plate. Pourtant, « Son Altitude » est entouré d'un essaim de minettes minijupées qui iraient volontiers butiner le plus gros pistil de La Chaîne. Mais il ne les voit pas. Du moins, pas avec les yeux de certains journalistes dont le pistil, en revanche, ne fait sortir aucune ouvrière de la ruche.

Il faut dire que RF a connu un drame personnel dont il porte encore les stigmates au fond de l'âme. Sa femme, qui fit plusieurs séjours en hôpital psychiatrique, s'est défenestrée sous les yeux de leur fille unique, âgée de onze ans. RF lisait dans la pièce à côté ; il n'a rien pu faire.

Cela se passait il y a une quinzaine d'années.

A la douleur, s'est jointe l'humiliation d'une enquête policière. Le témoignage d'une gamine en plein traumatisme n'étant que peu recevable, l'enquête s'est prolongée comme une traînée d'acide. RF a fini par être blanchi, mais les cicatrices sont restées. Depuis, « Son Altitude » n'éprouve que peu d'intérêt pour la gent féminine. Au grand dam de certaines collaboratrices qui se voient vieillir sans avoir pu tenter leur chance.

Si donc il est un homme de La Chaîne que personne ne s'attend à voir tomber amoureux, c'est bien lui. Sur cet homme, que nul ne surveille, le sournois Cupidon prépare une offensive.

Le « champ de bataille » est large et peuplé. Il s'agit du Zénith où se déroule la grande fête annuelle de La Chaîne. Les presque deux mille collaborateurs, tous statuts confondus (titulaires, pigistes, intérimaires, etc.) grouillent dans cet imbroglio de chair et de son… mais la proie est bien ciblée et la seringue, prête à l'atteindre.

Cupidon n'a plus qu'à presser la gâchette du fusil hypodermique pour que l'impact se produise.

Dans une des travées, où l'on pratique la gastronomie géographique (chaque pavillon propose une dégustation thématique autour d'une région du monde), RF marche d'un pas lent et mesuré, répondant aux saluts divers comme un président de la République au Salon de l'Agriculture. Etant de grande taille et regardant droit devant lui, il ne voit pas un « obstacle » de sexe féminin, dévorant un aileron de requin à la sauce piquante. Obstruant son passage, le dos tourné, « l'obstacle » ne le voit pas non plus. La collision est inévitable et la sauce se répand sur le tailleur que Khalida, une jeune fille fraîchement engagée par La Chaîne, vient d'acheter pour la circonstance.

Flashback : Khalida n'est autre que la beurette débarquée puis rembarquée en urgence sur le grand navire de La Chaîne, après intervention (musclée) du DRH. À ce stade du récit, une description physique s'impose. Khalida n'est pas ce qu'on appellerait « une bombe atomique » sur le campus d'une fac, mais c'est un joli brin de fille. Elle n'est pas grande, toute menue, avec des formes harmonieuses et une certaine grâce. Son visage est loin d'être parfait mais il exprime la détermination, soulignée par un sourire flash : effet produit par un alignement géométrique de dents très blanches sur une peau brune. C'est d'ailleurs cette personnalité trop affirmée, cette ambition trop visible à travers ce regard de louve, ce probable désir de revanche sur la condition de ses grands-parents « importés » par De Gaulle dans les années soixante, qui l'a fait recaler au casting de JR. Ses cheveux sont la partie la moins agréable à regarder de cette future femme-tronc. Ils sont crépus, aussi indisciplinés que leur propriétaire et réunis en une sorte de chignon qui ressemble à un pétard explosé.

Qu'à cela ne tienne, les yeux de RF ne voient que ceux de Khalida et vice versa. Durant de longues secondes pendant lesquelles la sauce corail s'écoule lentement sur le tissu neuf, ils demeurent figés l'un en face de l'autre. Pétrifiés. Puis, soudain, RF redevient un simple humain qui vient de répandre un liquide hostile sur la jupe d'une dame. Se piquant d'être un gentleman, il se transforme en médecin urgentiste de la courtoisie :

— Je suis affreusement désolé, mais comment ai-je pu... oh, c'est abominable... vite, vite, qu'on aille me chercher une serviette et un peu d'eau chaude, vite !

Un commandement de « Son Altitude » et ce sont des milliers de mains qui accourent. Ça mouille, ça frotte, ça gratte tous azimuts et... miracle ! L'immonde souillure finit par disparaître.

— Oh, merci monsieur, dit la beurette, avec la sage candeur de Romy Schneider dans Sissi.

— J'espère ne pas avoir... entaché votre soirée, ricane RF, fier de son mot d'esprit.

— Pas du tout, monsieur. Un peu d'imprévu ne fait jamais de mal.

— Ne seriez-vous pas la nouvelle d'*Intellocratie* ?

— Si monsieur, répond la fausse ingénue.

— Et alors, tout se passe bien ?...

Les petites mains ont disparu, l'attroupement s'est désagrégé. Les deux protagonistes de cette improbable scène se retrouvent seuls au milieu d'une foule muette et statique, comme dans les comédies musicales américaines. L'aventure peut commencer.

Moteur !

2) JR :

JR ne participe pas au grand raout pharaonique de La Chaîne. Il ne goûte guère cet étalage de richesses alimentaires jetées en pâture (en récompense, pour être paternellement correct) à la plèbe, mais son absence a une autre raison.

FLASHBACK : QUELQUES JOURS AUPARAVANT, JR sort du parking de La Chaîne pour regagner son domicile. Comme tous les cadres importants (ou qui croient l'être), il quitte son bureau bien après la fin du 20 heures. A La Chaîne, l'unité de mesure du temps, c'est le JT de 20 heures. On dit « avant le 20 heures » ou « après le 20 heures », comme les historiens disent avant ou après Jésus Christ.

Soudain, au milieu d'un carrefour désert (après le 20 heures, le quartier de La Chaîne ressemble à une ville fantôme), il voit une femme en train de gesticuler à côté d'une voiture mal garée. Il prend ces gesticulations pour des signaux de détresse et s'arrête. De fait, si la (jeune) femme exécute de grands moulinets avec la main droite, il s'aperçoit que la main gauche est collée à l'oreille, retenant l'inévitable smartphone. Une fois descendu de son véhicule, il réalise que la femme qu'il s'apprêtait à secourir n'est pas en train de lui envoyer un SOS, mais qu'elle participe à une discussion téléphonique animée. Ne bénéficiant pas, comme JR, de la technologie Bluetooth, elle s'est tout simplement arrêtée. En plein tournant. Voyant JR s'approcher, elle lance le traditionnel « J'te rappelle ! », coupe la communication puis avise l'intrus :

— Oui monsieur ?

Terriblement embarrassé, JR pique un fard et bégaye :

— Euh... je suis confus... je croyais que vous aviez besoin d'aide.

Large sourire de la demoiselle. On y lit de l'indulgence qui se teinte d'émotion devant une si gentille bévue. La gaucherie de cet homme au visage d'enfant, qui a peur de se faire taper sur les doigts, ne cadre pas avec son apparence vestimentaire. D'un naturel curieux, elle aimerait approfondir l'examen du personnage.

— Ne vous excusez pas, monsieur ! Il est si rare, de nos jours, qu'un homme porte secours à une femme.

— Qu'un homme porte secours à son semblable, tout bonnement, ajoute JR.

— Dans mon cas, dit en souriant la jeune femme, votre intervention m'a permis de mettre fin à une conversation qui tirait en longueur.

— J'en suis affreusement désolé.

— Ne le soyez pas ! Vous savez comment sont les femmes au téléphone. Sans nous, les compagnies de téléphonie mobile feraient faillite.

JR rit poliment. Il cherche une repartie spirituelle, voire humoristique, mais n'en trouve pas et continue de rire. Cette fois, bêtement.

— De toute façon, ajoute la jeune femme qui ne sait trop quoi dire, elle non plus, mon amie et moi nous nous étions tout dit. Les femmes ont toujours tellement de mal à raccrocher. En fait, on a terriblement peur de se dire au revoir, vous avez remarqué ?

— Oui, tout à fait. Moi-même, j'ai très peur de vous dire au revoir.

JR se mord les lèvres jusqu'au sang. Que lui arrive-t-il ? Jamais, de sa naissance à ce jour, il n'a fait preuve d'une aussi incroyable hardiesse ! Il sent le feu envahir ses pommettes. En réponse, il reçoit un sourire plein de douceur.

— C'est très gentil à vous.

Ça ne suffit guère à éteindre le feu, mais JR se sent un peu moins grotesque.

— Ecoutez, dit la jeune femme, je n'ai rien d'autre à faire ce soir que de rappeler la copine à qui j'avais déjà tout dit. La ville est morte, les rues sont désertes... ça me fiche le cafard. Que diriez-vous d'aller boire un verre ? Si toutefois on trouve un café ouvert dans cette nécropole....

— Euh... eh bien... oui... euh, je trouve que c'est une excellente idée.

— Peut-être êtes-vous déjà pris ?

— Euh... eh bien... euh... non, non, non, pas du tout.

— Ça vous choque qu'une femme prenne les devants ? Vous savez, ça se fait beaucoup de nos jours.

— Oui, bien sûr. Euh... non, non, non, ça ne me choque pas du tout.

— Je suis assez directe dans la vie, se justifie-t-elle. Souvent, mon genre de femme déconcerte les hommes. Quel que soit leur âge.

— Ce n'est pas mon cas, affirme JR. Je suis quelqu'un de très libéral, je veux dire... à l'esprit ouvert.

— Eh bien, dans ce cas, allons-y !

Comme lors de la précédente intervention du rusé Cupidon, une description physique s'avère nécessaire. La jeune personne dont le destin vient de croiser celui de JR ne doit pas avoir plus de 25 ans. Elle est grande, blonde avec de longs cheveux lisses, des yeux bleus presque transparents. Pas spécialement jolie ou plutôt non conforme aux canons de l'esthétique actuelle, elle a un visage de clown triste, terriblement attirant.

JR se demande pourquoi, en face de cette inconnue, son cœur se met à battre plus vite et ladite inconnue n'est pas insensible au charme désuet de notre héros. À son côté emprunté, gauche, très mal à l'aise et piètre improvisateur. Une passerelle s'établit, l'intimité s'installe. Les minutes passent... les heures aussi.

Après les présentations (la jeune inconnue s'appelle Laure), tombe la question-bateau : « Que faites-vous dans la vie ? ». Manifestement, JR n'a pas été reconnu. Il s'en trouve à la fois vexé et réjoui. Vexé parce que son petit ego a pris de l'embonpoint depuis la création d'*Intellocratie*, et réjoui parce que cette « non reconnaissance » confirme l'impression ressentie dès la première seconde : cette jeune femme n'est pas comme les autres. « Les autres » l'auraient reconnu du premier coup d'œil et se seraient mises à roucouler. Mais Laure ne semble pas appartenir à la basse-cour des quémandeuses d'autographes. C'est du bout des lèvres que JR lui avoue travailler à La Chaîne.

— En somme, vous faites de la télé-poubelle, lâche Laure sans ménagement.

JR encaisse le coup puis rebondit, comme on dit dans les *talk-shows*.

— On trouve parfois de jolies choses quand on prend soin de bien fouiller les poubelles.

— Dans les poubelles des riches, oui. Mais on ne peut pas dire que votre chaîne brille par la richesse de ses programmes.

JR reste sans voix et Laure en profite pour adoucir son discours.

— Excusez-moi, dit-elle, je suis vraiment trop directe. D'ailleurs, je parle de ce que je ne connais pas car je ne regarde jamais la télé. Je n'ai même pas de poste chez moi.

JR est pleinement disposé à accorder son pardon. Dès lors, il apprend que Laure est étudiante en psycho, qu'elle vit seule dans un petit studio de la Rive Gauche, guère éloigné de la rue Jacob, et que ce voisinage pourrait faciliter une autre rencontre.

— Ce qui nous fait défaut à nous autres gens de télé, c'est un éclairage extérieur. Nous vivons en circuit fermé, les critiques mangent les mêmes petits fours et boivent le même champagne que nous, on se congratule ou l'on se débine en famille. Un regard neuf comme le nôtre pourrait nous redonner une bouffée d'oxygène.

— Je ne suis pas compétente en la matière.

— Nous n'avons pas besoin de compétence, mais d'intelligence.

— Quand nous nous connaîtrons mieux, vous apprendrez que la flatterie n'est pas la bonne solution avec moi.

— En tout cas, j'ai appris que vous n'écartiez pas la possibilité de mieux nous connaître. Ça, c'est une vraie bonne nouvelle !

— C'est une éventualité, corrige Laure avec un sourire complice.

43

De retour chez lui, JR regarde sa montre. Il n'est pas trop tard pour appeler Michel et même s'il est trop tard, JR a besoin de parler. Les amis, c'est fait pour ça, non ? Michel répond à la dixième sonnerie, d'une voix pâteuse :

— Ouais ?

— C'est JR.

— Qu'est-ce qu'il y a ?

— Rien. J'avais besoin de parler.

— Et moi, j'avais besoin de dormir.

— Navré. Tu veux que je raccroche ?

— Plus la peine, connard. Le mal est fait.

JR ferme les oreilles sur ce « connard » plutôt rupestre et attend que Michel fasse son retour dans le monde éveillé.

— Rien de grave, au moins ? demande-t-il.

— Non. Enfin... sauf si l'on peut qualifier l'amour de grave.

— Tu peux répéter ça ?

— Je suis amoureux, précise JR.

Un blanc sur la ligne.

— Tu es là, Michel ?

— Oui je suis là... mais je me pince pour être sûr que je ne suis pas en plein délire onirique.

— Ne te moque pas, c'est sérieux.

— J'espère bien. Manquerait plus que tu me tires d'un profond roupillon pour des conneries !

— Voilà, raconte JR. J'ai rencontré une fille tout à l'heure et ça a été le flash.

— Pourquoi, elle est photographe ?

— Arrête ! Je suis sérieux.

— Et Béa, tu l'as larguée ?

— Pas besoin de larguer ce qui n'a plus d'attaches. Béa s'est volatilisée dans la stratosphère.

— Remarque, si tu veux mon avis, t'as pas perdu grand-chose.

— C'est aussi mon avis.

— Surtout que tu l'as même pas sautée.

— Merde, y'a quand même pas que le cul dans la vie !

— Eh si, mon vieux. T'es bien le seul à ne pas t'en être aperçu. Enfin, passons.... Et la nouvelle, c'est quoi ?

— Une étudiante.

— T'es devenu pédophile ?

— Attends, il y a des étudiantes qui ont dépassé la trentaine !

— Ouais, mais t'es pas dans la bonne tranche. Soit elles sortent avec des vieux coffres forts bien patinés, soit avec des jeunes tiges de leur âge. C'est comme les restaurants, vieux ! Dans les catégories intermédiaires, y'a toujours un mauvais rapport qualité-prix.

— Ça t'arrive parfois d'abandonner ton cynisme ?

— Jamais à deux plombes du mat.

JR, qui n'a pas vu le temps passer, se propose de conclure quand Michel l'interrompt avec une dernière question :

— Tu m'la présentes quand, ton étudiante ?

— Quand tu auras accepté d'être mon témoin.

— Ben merde alors... tu viens de rencontrer une nana et tu penses déjà au mariage ? T'es vachement plus contaminé que j'le pensais.

44

Au troisième étage de La Chaîne, il existe une grande terrasse très appréciée des fumeurs par beau temps. Les conversations vont bon train. Un aréopage de secrétaires (de direction) sont en grande discussion. Le sujet du jour surfe sur une rumeur : « Son Altitude » aurait une petite amie... une copine, pour faire moderne. Il serait avec Khalida, la nouvelle recrue du Service Culture pour *Intellocratie*. Entre deux nuages pathogènes, voici quelques extraits de ce débat sentimentalement incorrect :

— Quand je pense que cette mijaurée est arrivée toute timide, avec ses faux airs de petite fille perdue dans un monde hostile...

— Tu parles, oui ! Cette salope savait où elle allait. Son plan avait été minutieusement élaboré.

— Elle a un regard fourbe qui ne trompe pas.

— Hé, c'est une Arabe, non ? Faut pas les prendre par les sentiments. Ou tu les écrase ou ils te baisent !

— Quand je pense que notre pauvre RF est en train de se faire...

— Baiser. Ah ça, oui, tu peux le dire !

Gloussement général. Quelques têtes se retournent, le bataillon se renforce.

— Le pauvre homme ! Après ce qui lui est arrivé, je le croyais blindé.

— Au contraire, ce sont les plus vulnérables. Lui, il aurait mérité une femme de cœur.

— Au moins, une femme honnête.

— Avec cette petite vermine, il est bien tombé.

— Tu l'as vue avec ses cheveux qui partent dans tous les sens ? On dirait un gros cafard.

— C'est vrai qu'elle a une tête d'insecte.

— De mante religieuse, oui !

— Le venin en plus. Car chez les biques, les filles sont pires que les garçons. Eux, ce sont des voyous, tout juste bons à faire cramer les bagnoles. C'est spectaculaire, mais ça pisse pas haut. Alors que ces petites traînées, elles jouent les poissons rouges... hé, hé... ce sont des piranhas !

— C'est ti pas malheureux, tout de même... un tel gâchis !

— Et t'as vu ses jambes ? On dirait des échasses.

— Des pattes d'insecte, ma chérie, et poilues avec ça !

— En plus, elle se gêne pas pour les montrer.

Nouveau gloussement. Les cigarettes sont en cendres, les conversations aussi. Il est temps de remonter au bureau.

45

JR AURA ATTENDU LONGTEMPS ce jour-là.

Pour la première fois de sa vie, il se réveille avec une femme à ses côtés. Une femme dans son lit !

Laure ouvre les yeux, se frotte le visage, passe les doigts dans ses longs cheveux en s'étirant doucement, émet un léger bâillement puis lance à JR le sourire d'un enfant qui découvre le monde. Plus que jamais, son visage de clown triste est attendrissant. JR, lui, est assis sur le lit. Aussi nu que son amante. Ils se regardent sans se parler puis, soudain, Laure s'assied à son tour, saisit d'une main délicate le sexe de JR et le soupèse.

— C'est drôle qu'une si petite chose ait pu me projeter si loin.

— Tu veux dire, demande JR incrédule, que tu as joui ? Vraiment joui ?

— Je n'ai pas joui, j'ai implosé.

— Je t'ai vraiment fait jouir ?

— Pourquoi, il y avait un autre homme derrière les rideaux qui t'a remplacé, une fois la lumière éteinte ?

— Ne plaisante pas, ma chérie ! C'est très important pour moi. Me raconte pas de bobards, même si tu crois me faire plaisir !

D'un coup, le visage de clown triste devient vraiment triste. Grave.

— Tu as l'excuse de ne pas encore bien me connaître, JR, aussi je te pardonne. Mais sache que je dis toujours la vérité. Tu aurais dû t'en apercevoir le jour de notre rencontre.

— Oui, bien sûr… mais j'ai tellement de mal à m'imaginer que je suis capable de procurer du plaisir à une femme !

— Tu n'essayes quand même pas de me faire croire qu'il n'y en a pas eu d'autres avant moi ?

— Si… enfin, je veux dire non, mais…

— Te fatigue pas, coupe Laure, le passé ne m'intéresse pas. Tu m'as procuré beaucoup de plaisir et j'espère que ça ne s'arrêtera pas là. Pour le reste, je m'en fiche royalement !

— Il faut tout de même que tu saches que… euh… cette chose minuscule a toujours été mon complexe. A l'armée, on m'avait surnommé « Queue de cerise » et depuis, je vis cela comme une castration mentale, je…

— Stop ! tranche Laure. Je ne suis pas ta psy, je suis ton amante. Ne l'oublie pas !

46

Au même moment, dans un penthouse cossu occupant le dernier étage avec terrasse d'un immeuble qui domine l'esplanade des Invalides, Khalida traverse un immense salon. Son corps dénudé se projette en ombre chinoise sur la baie vitrée qui regarde le célèbre dôme, dessinant au fusain des petits seins en poire, une taille qu'on pourrait encercler avec le pouce et l'index, une chute de reins qui ne veut pas chuter. La beurette porte un plateau de petit déjeuner et se dirige d'un pas ailé vers une chambre où l'attend RF dont la longue carcasse se déploie de bien-être sur les draps de soie.

— Dieu que tu es belle, dit-il simplement.

Khalida répond par un petit rire guttural et pose le plateau sur le lit.

— J'ai l'impression de rajeunir de trente ans, poursuit le n°2 de La Chaîne, mais toi, es-tu sûre de ne pas prendre un coup de vieux ?

— Pourquoi un coup de vieux ?

— Merde, parce que nous avons presque quarante ans de différence !

— Et alors ?

— Et alors ! Mais comment veux-tu que je rivalise avec un jeune de ton âge ?

— Je n'aime pas les jeunes de mon âge.

— Tu préfères coucher avec papa ?

— Ah non, RF, tu ne vas pas nous remettre ton Œdipe sur la table !

— Si, parce que j'ai une fille de ton âge et que j'ai l'impression de commettre l'inceste. Quelque part....

— Eh bien, garde ça... quelque part si tu veux, je m'en fous. Car moi, tu m'as super bien baisée.

— C'est vrai ?

— Oui mon amour, j'ai pris un pied pas possible.

— C'est vrai ?

— Arrête RF, tu me fais marrer. Oui, c'est vrai mon grand bébé. T'as encore la puissance d'un bel étalon. Arrête de te poser des questions, *carpe diem* merde ! T'es en face d'une jeunette qu'est folle de toi. Profites-en !

— Pour être franc, dit RF en mastiquant son croissant, je me demande ce qui peut intéresser une fille de vingt-cinq ans chez un vieux croûton... si ce n'est le fric.

— Dis tout de suite que je suis une pute !

— Je ne parle pas de toi, ma chérie... mais en règle générale.

— Y'a pas de règle générale et pas de règle du tout, y'a que des exceptions. Nous sommes tous exceptionnels et ce que nous vivons est exceptionnel. Cassons les chaînes ! Tu ne te sens pas pousser des ailes ? Moi, je veux m'envoler avec toi, comme deux petits anges....

Khalida se love contre le corps de son amant. Plus que jamais, il mérite le sobriquet de « Son Altitude ».

47

QUELQUES JOURS PLUS TARD, dans le fumoir à ciel ouvert de La Chaîne, nouveau conciliabule des secrétaires.

— Vous connaissez la nouvelle ? Il paraît que RF va se marier.

— Avec la bique ?

— Pas avec moi, hélas.

— Qui l'eût cru ?

— Jamais vu avec une femme…

— Pendant dix ans…

— Certains le croyaient même gay…

— C'aurait été encore mieux que d'épouser une bique !

— Je ne te le fais pas dire.

— Pas de doute, ces filles-là, elles ont un truc en plus.

— La crapulerie, ma chérie, et l'absence totale de

scrupules. Rien ne leur fait peur. Elles sont fourbes, retorses, prêtes à tout pour atteindre leur but. On ne peut pas lutter, ma chérie, on n'a pas les armes pour ! Le malheur, c'est que la société d'aujourd'hui leur donne raison.

— Ah oui, ça c'est sûr. Ni mon père ni mon grand-père n'aurait épousé une bique !

TRAHISON

— Pourquoi détestes-tu la télé à ce point ? demande JR.

— Je ne t'empêche pas de faire ton métier, rétorque Laure. Simplement, je ne me sens pas concernée. Pour moi, c'est comme si tu étais cordonnier ou facteur. C'est pas parce que tu montres ta tronche à la télé que tu m'intéresses.

— Certes, admet JR, mais tu n'as pas répondu à ma question. Il y a chez toi une haine viscérale de l'audiovisuel. J'aimerais en connaître l'origine.

Les deux amants sont attablés à la terrasse d'une coquette propriété, sur l'Ile de Ré. L'air est tonique et la brise vespérale, comme la lumière déclinante, propice aux confidences. C'est le premier week-end qu'ils passent ensemble. Laure a insisté pour que ce fût dans une maison dont elle a hérité de sa mère, décédée il y a dix ans.

— Pardonne-moi, dit Laure, mais j'avais besoin de réfléchir avant de répondre à ta question. Tu sais que je suis sans détour et que je ne pratique pas l'esquive. Il s'agit cependant d'un aveu difficile dont j'aurais aimé retarder l'échéance. On est tous un peu lâche quelque part.

JR reste muet. Il attend la suite. Laure se concentre. Ses traits se durcissent. Son visage, très pâle, a perdu cet aspect Pierrot lunaire, doux, évanescent, qu'on a envie de protéger. Son regard fixe l'horizon qui se confond avec l'océan.

— Voilà, révèle la jeune femme, je hais la télé car elle a tué ma mère.

Anticipant la question que JR s'apprêtait à lui poser, elle poursuit :

— Mon père a eu de nombreuses maîtresses mais la plus exigeante, la pire de toutes, ce fut la télé. Elle lui prenait tout son temps, toute sa tête, tout son cœur. Ils formaient un vrai couple et c'est toujours le cas. Ma mère était déjà très fragile avant son mariage, elle avait besoin d'un soutien et ce soutien était continuellement absent. Elle s'est mise à sombrer doucement jusqu'au jour où, n'y pouvant plus, elle s'est donné la mort.

— C'est affreux.

— Mon père, enchaîne Laure, n'avait pas besoin de se transformer en super pompier pour sauver ma mère, il n'avait qu'à être là. Juste là ! Mais non, il était toujours absent, trop occupé par son image, son plan de carrière et ses dérobades sexuelles qui avaient toutes des finalités professionnelles... car mon père n'a jamais aimé personne en dehors de la télé.

— Pas même sa propre fille ?

Laure émet un ricanement amer.

— Moi, j'étais dans le même wagon que ma mère. Je n'existais que lorsqu'il fallait poser devant les photographes pour donner l'image d'une belle famille française dans les magazines. Mis à part cela, il ne s'est jamais occupé de moi. Nous avons fait connaissance le jour où je lui ai tiré ma révérence.

— Comment ça ?

— Je lui ai dit ses quatre vérités et je me suis cassée. Mon père et moi ne nous parlons plus depuis dix ans.

— Depuis la mort de ta mère ?

— Exactement.

— Tu ne la lui as jamais pardonnée.

— Jamais je ne la lui pardonnerai ! Car, vois-tu, quand je dis que la télé a tué ma mère, ce n'est qu'en partie vrai. Elle a été l'instrument de sa mort... mais le coupable, c'est mon père.

— Dis-donc, relève JR, si ton père est un grand manitou de la télé, je dois sûrement le connaître.

— Je crois même que tu le connais très bien.

48

Pour la première fois, RF invite JR à déjeuner.

Pourquoi un déjeuner et non une convocation minute dans le bureau qui sent le miel ? JR, qui ne s'est jamais senti vraiment à l'aise en compagnie de « Son Altitude », est sur la défensive. Quand il entre dans le restaurant, RF est déjà arrivé. Il l'attend à une petite table dans un coin.

— Choisis vite ta commande, l'après-midi est chargé !

Ni « Bonjour » ni « Comment vas-tu ? ». Faut-il y voir un mauvais présage ? JR s'empare du menu plastifié, désigne une entrée et un plat au hasard et se tourne vers son vis-à-vis.

— Ton bide colombien n'a pas été apprécié en haut lieu, lance RF sans préliminaires.

— Mais c'est toi le « haut lieu » ! s'étonne JR.

— Non, moi je suis journaliste. Je dirige l'antenne

mais je suis journaliste. C'est à ce titre que je t'ai laissé partir, même en désapprouvant la prise de risque.

— Où est le problème alors ?

RF, qui ne s'exprime jamais la bouche pleine, achève la mastication de sa bavette, avant de répondre :

— Le problème, je te l'ai dit, vient d'en haut. C'est-à-dire, le président et les administrateurs. Moi, je sais qu'on peut rater un reportage, revenir bredouille, ce sont les aléas du métier. Mais eux, ils réagissent en comptables et ils n'ont pas aimé te voir gaspiller tout cet argent pour, *in fine*, retrouver ton « idée » sur une chaîne étrangère.

— C'est quand même MON budget ! Tant que je ne le dépasse pas, je n'ai de leçons à recevoir de personne. Et puis, ce n'est pas ma faute si Caulaincourt a été libérée le jour de mon arrivée et si elle a signé avec CNN !... Si vous tous ne m'aviez pas retardé avec votre principe de précaution à la con, on n'en serait pas là.

Etonné de s'entendre parler ainsi, JR avale cul-sec son verre de bourgogne pour éteindre sa fureur. Jamais il ne se serait cru capable de hausser le ton devant « Son Altitude ». Ce dernier reste calme, poursuit benoîtement le découpage de sa bavette et ajoute :

— Par ailleurs, « ils » n'apprécient que très modérément être la risée de la presse. Le fait qu'on te tourne en ridicule depuis une semaine...

— Ce serait plutôt à moi de me sentir humilié, coupe JR.

— Peut-être, mais c'est l'image de La Chaîne qui

en pâtit. C'est très mauvais pour les annonceurs. Nous sommes en période de crise, ne l'oublie pas !

— Bon, en résumé, tranche JR, dois-je m'attendre à une sanction ?

— Une sanction ? Non, sûrement pas. Enfin, s'il y en a une, elle ne viendra pas de moi.

— Alors, ce déjeuner... c'était pour quoi ?

— Pour t'annoncer un avis de tempête.

❧ 49 ❧

Depuis que Khalida travaille au Service Culture, JR a révisé son opinion. Il n'y a que les imbéciles qui ne changent pas d'avis, se dit-il. Après une courte période d'acclimatation, la beurette s'est avérée une collaboratrice disponible, attentive, zélée, sachant s'effacer devant l'intérêt général, dotée d'une jolie plume et d'une belle diction. Bientôt, JR la fera venir sur le plateau d'*Intellocratie*. Sa peau mate prendra bien la lumière, aucun doute là-dessus. Et puis... la sacro-sainte diversité à l'antenne, c'est toujours bien vu !

En outre, il n'est pas un seul collaborateur de La Chaîne qui ne sache aujourd'hui que Khalida est la petite amie du patron. Il y a même des rumeurs de mariage ! Or, devant JR et toute son équipe, la beurette n'utilise pas ses rapports privilégiés avec « Son Altitude » à des fins personnelles.

JR apprécie.

50

Depuis que Khalida est venue s'installer chez lui, RF rentre beaucoup plus tôt. Son magnifique appartement semble avoir retrouvé la vie. Pourtant, le soleil y danse toujours… et même toute la soirée, lors des longues journées d'été, quand la nuit tarde à l'habiller. RF en avait même oublié la vue – splendide, majestueuse – sur l'Esplanade des Invalides, comme la terrasse de cent mètres carrés sur laquelle il n'avait plus mis les pieds depuis… l'accident.

Dans les locaux de La Chaîne, RF fait tout pour éviter sa jeune fiancée et Khalida joue le jeu, même si elle sait que personne n'est dupe. Du coup, afin de ne pas manquer ne serait-ce qu'une seconde de sa présence dans *le privé*, il s'efforce d'arriver le premier, chaque soir, à l'appartement. Alors, pour rendre l'attente encore plus délicieuse, il se sert un whisky, s'enfonce dans un sofa douillet et regarde le soleil se cacher derrière les dorures du dôme, rêvant au bonheur retrouvé.

Un cliquetis dans la serrure éjecte RF de ses pensées ensoleillées.

— Tu es déjà là, mon amour ?

Khalida se glisse sur le sofa. RF l'entoure de ses bras noueux. Un long silence s'installe.

— A quoi penses-tu ? demande Khalida.

— Voilà, ma chérie. Quand tu es arrivée, je rêvais au cadeau que je pourrais te faire pour notre mariage.

— Là, tu m'intéresses, dit Khalida sur un ton badin. Et que me voyais-tu porter dans tes rêves ?

— Je te voyais avec un joli caillou sur le doigt.

— Tu ne trouves pas ça un peu classique ?

— Classique mais... cher, mon amour.

— Et alors ! Crois-tu qu'on mesure la valeur d'un cadeau de mariage à son prix ?

— Certaines femmes le croient.

Khalida se défait de son étreinte, se tourne vers lui, le fixe dans les yeux et l'enveloppe de son beau regard sombre.

— Crois-tu sincèrement que j'appartiens à cette catégorie ?

— Je n'ai jamais vu une femme ne pas craquer devant un solitaire de dix carats.

— J'espère que c'est une évaluation *a minima*, plaisante Khalida.

— Je ne rigole pas. Les femmes peuvent être de

grandes romantiques, elles n'en conservent pas moins l'esprit pratique.

— Eh bien moi, je vais t'apporter la preuve du contraire.

— Tiens donc !

— Je vais te demander un cadeau qui ne te coûtera pas un centime.

Intrigué, RF hausse les sourcils. Les yeux dans les yeux – ces grands yeux noirs aux prunelles hypnotiques – Khalida lâche :

— Offre-moi *Intellocratie* !

— Pardon ?

— Tu as très bien compris. Offre-moi *Intellocratie* !

Interloqué, RF reste sans réaction. Paralysé. De longues secondes s'écoulent, des secondes séculaires. Un filet de voix s'échappe de sa bouche :

— Mais c'est l'émission de JR !

— Pourquoi, elle est déposée à son nom ?

— Bien sûr que non. La Chaîne est propriétaire des droits. Mais c'est JR qui l'a créée de A à Z. C'est son bébé !

— Eh bien, fais-le avorter !

— Ce n'est pas drôle.

Le visage de Khalida ne se prête nullement à la plaisanterie. Il exprime au contraire une grande fermeté.

— Je ne cherche pas à être drôle, mon amour. Tu veux me faire un cadeau, je te dis tout bonnement celui qui me ferait plaisir. Point barre.

— Mais ce n'est pas un *vrai* cadeau !

— Pourquoi, il y a des vrais et des faux cadeaux ? Je crois simplement qu'il y a ceux qui répondent à un vrai désir de celle qui les reçoit et les autres que l'on offre égoïstement en ne pensant qu'à ses propres goûts.

— Bon, admettons, dit RF, vaincu. Mais celui-là, il n'est pas... comment dire... humainement correct.

— Parce que tu crois que JR a été humain quand il m'a rejetée pour la couleur de ma peau ?

— Tu sais bien que ce n'est pas la vraie raison.

— T'en vois une autre ? N'avais-je pas toutes les qualifications requises ?

— Si, si, soupire RF à bout d'arguments. En somme, tu veux sa tête comme cadeau de mariage.

— Pas sa tête, rectifie Khalida, son émission. Ce n'est pas une vendetta ! Je sais que j'ai la compétence pour animer *Intellocratie*, il faut juste me mettre le pied à l'étrier. Beaucoup de filles n'ont pas cette chance, moi je l'ai. Pourquoi faire la fine bouche ? Pour des raisons morales ? La morale est un luxe et moi... j'ai pas été élevée dans le luxe.

« Son Altitude » a envie d'appeler sa pipe au secours, mais Khalida n'aime pas l'odeur du tabac. Une ride se creuse sur son front et la jeune femme, s'en apercevant, y dépose un doux baiser.

LA CHUTE

Le DRH de La Chaîne regarde sa montre. Il est presque 12h30. S'il veut être à l'heure rue François 1er, il doit partir maintenant. Il se lève, prend sa veste sur un cintre, l'enfile avec effort, la boutonne difficilement et prévient son assistante qu'il sera injoignable jusqu'à 16 heures.

RF croit en la psychologie. Pour réussir sa mission, il a besoin d'un décor. « Son Altitude » regarde le DRH comme un plouc ou un « beauf de banlieue », ce qui, à ses yeux, revient au même. L'inviter à déjeuner dans un resto hyper branché va l'impressionner et donc le placer en état d'infériorité. RF a défini *La Rue* comme le cadre idéal. On y mange fort mal mais c'est LE lieu de rencontre de toutes les célébrités parisiennes. Quand il en pousse la porte, bien avant d'apercevoir « Son Altitude », le DRH, engoncé dans sa veste Kenzo, reconnaît deux ou trois actrices, un couturier à la mode et un grand capitaine d'industrie. Il bombe le torse, rentre sa bedaine et marche d'un pas décidé vers son hôte.

— Je dois te demander un service, annonce RF.

— Si c'est en mon pouvoir, il t'est acquis d'avance.

— C'est en ton pouvoir, mais ce n'est pas facile pour autant.

— Je t'écoute.

— Il faut virer JR.

Le DRH pourrait être étonné mais l'étonnement ne fait pas partie de sa vie professionnelle.

— Tu as un motif ? s'informe-t-il.

— Il s'est planté en Colombie.

— Ce n'est pas un motif.

— Je sais, mais il faut que tu te démerdes avec.

Le DRH gratte son front court en faisant la moue.

— Il faudrait monter un dossier de harcèlement.

— Ça peut passer ?

— Si c'est bien ficelé, oui.

Le DRH hésite un instant puis reprend :

— Ta, euh... ton amie travaille au Service Culture, je crois ?

— Exact.

— Alors, vois avec elle comment tu peux t'arranger. Si vous arrivez à boucler un bon dossier, je prends le relais.

— Merci, vieux. A charge de revanche....

51

Pour un jeune journaliste, une convocation au vingt-quatrième étage est toujours stressante. Ce matin-là, tous les collaborateurs du Service Culture se relaient chez « Son Altitude ». Le blondinet, frais émoulu de l'école de Lille, pénètre en tremblant dans le bureau.

— Installe-toi, suggère RF avec un large sourire, en désignant un fauteuil. Sais-tu pourquoi je t'ai fait venir ?

— Non, Monsieur.

— Pas de « monsieur » à La Chaîne, on n'est pas à la Banque de France ! Alors, sais-tu pourquoi tu te trouves ici ?

— Non, M... je veux dire... RF.

— Tu es ici pour témoigner.

— Témoigner de quoi ?

— On ne t'a pas prévenu ? bluffe RF.

— Non.

RF lève les yeux au ciel.

— Ah, je reconnais bien là la pudeur de votre collègue.

Le jeune stagiaire ne pipe mot. Il attend d'en savoir plus. RF, qui attendait une réaction, enchaîne :

— La mort dans l'âme – car elle est très discrète et ressent une profonde blessure – votre collègue Khalida m'a saisi d'une plainte pour harcèlement. Elle a dû t'en parler avant moi.

— Euh… non.

— Mais si, insiste RF, elle t'a forcément dit que JR la harcelait.

— JR ? Pas le genre.

— Enfin, ne me dis pas que tu n'es pas au courant !

RF commence à croire que Khalida n'a pas fait son boulot, quand le jeune réagit enfin :

— Si, effectivement, j'ai entendu parler d'une histoire comme ça.

— Tu peux donc en témoigner.

— Ben non, ce sont des « on dit ». Je n'en ai pas été personnellement témoin.

— Chercherais-tu à te désolidariser du service ?

RF brandit quelques feuilles extraites d'un dossier, puis ajoute :

— J'ai ici le témoignage de tous tes petits camarades. Si tu refuses de t'y joindre, c'est un peu comme si tu faisais bande à part.

Incrédule, le jeune garçon ne sait que répondre.

— Avec une seule de ces feuilles, poursuit RF, JR est coulé. Sa démission est une question d'heures. Nous sommes une entreprise moderne et ne pouvons tolérer ce type de comportements. C'est tout à ton honneur que de vouloir protéger ton chef, cela dénote un bon esprit et un respect de la hiérarchie. Mais quand celle-ci est pourrie, il faut savoir changer de camp. Ce n'est pas de l'opportunisme, c'est de l'intelligence. Tu ne gagneras rien à couvrir JR, bien au contraire. Le nouveau chef de service pourrait te le reprocher.

— Je ne vais quand même pas faire un faux témoignage !

— Qui te parle de faux témoignage ? Traiterais-tu tes petits camarades – ceux qui ont signé ça – de parjures ?

— Non, bien sûr. Mais peut-être qu'eux, ils ont vu quelque chose ?

— Toi aussi, tu as vu quelque chose. Tiens, par exemple, tu as constaté qu'il règne une très mauvaise ambiance au Service Culture et que, pour la pérennité de notre émission vedette, il est urgent de revenir à une période de sérénité.

Au bout d'une demi-heure, RF réussit à arracher une signature au stagiaire qui a fini par comprendre que s'il ne voulait pas que JR l'entraîne dans sa chute, il fallait qu'il s'en détache.

52

C'EST dans l'adversité qu'on reconnaît ses vrais amis. Une fois instruit de la cabale dont il fait l'objet, JR se tourne vers Michel qu'il rencontre un soir à la terrasse d'un café de l'Odéon. L'air est doux, les rues sont animées. JR ne craint plus d'être reconnu, cette coquetterie est devenue subalterne. Pour une fois, son ego joue les seconds rôles. Il y a des priorités dans la vie et sa priorité, aujourd'hui, c'est de survivre. S'il disparaît d'*Intellocratie*, JR sait qu'il disparaîtra de La Chaîne et s'il disparaît de La Chaîne, son téléphone s'arrêtera de sonner. Plus d'invitations, plus d'articles dans les journaux, plus de ménages[1]... plus de JR ! Michel ouvre les hostilités par un martial « Il faut se battre ! ». JR lui fait signe d'être discret. On entend tout aux tables voisines. L'ami de toujours reprend *mezzo voce* :

— Ce procès qu'on te fait pour harcèlement est risible.

— Moi, ça ne me fait pas rire.

— Prends un avocat !

— Demain, raconte JR, j'ai un entretien préalable à la DRH. J'ai le droit de me faire accompagner par un délégué syndical de La Chaîne. Je vais commencer par là. Après tout, on n'est pas encore aux Prud'hommes.

— Lequel as-tu choisi ?

Etant lui-même délégué de sa rédaction, Michel connaît bien les milieux syndicalistes de la Presse. Il sait que la paix sociale a un prix et que ce prix est partout le même : salaires supérieurs, mutuelles généreuses, avantages sociaux inhérents à la corporation, cadeaux, voyages à prix réduit, vacances allongées, retraites anticipées et « matelassées », prêts immobiliers à taux zéro, locations à cinquante pour cent, etc. Revers de la médaille, à La Chaîne, les syndicats sont chloroformés par une douillette routine. Raison pour laquelle Michel doute de leur efficacité dans une affaire comme celle qui concerne son ami.

— J'ai pris PQ, dit celui-ci.

— Tu le connais ? demande M.

— Je le vois tous les jours.

— Non, je veux dire : le connais-tu vraiment ? Sais-tu pour qui il roule ?

— Disons que c'est le meilleur chez nous. Il est sur tous les coups.

— Bon, note Michel en faisant la moue, je vois que tu ne le connais pas.

JR avale une gorgée de thé et dit :

— Accouche !

— Ton bonhomme est bien connu dans les milieux syndicaux mais pas comme exemple du syndicalisme. Quand je te demande si tu sais pour qui il roule, je ne parle pas uniquement au sens figuré. Peu de gens savent que PQ se déplace dans une énorme BM payée par La Chaîne. En outre, il déjeune un jour sur deux avec le président dans les trois étoiles de Paris. A ton avis, qui paye l'addition ? Tu as vu sa bedaine ?... Enfin, je te signale que ton « sauveur » a le statut (et la paye) d'un rédac-chef alors qu'il n'a pas supervisé un JT depuis plus de vingt ans. Et c'est sur ce gus que tu comptes pour ta défense ?... C'est un peu comme si les femmes iraniennes étaient défendues par l'avocat du Hamas !

— Merci pour la comparaison.

— Elle n'est pas du meilleur goût, j'en conviens, mais tu es en train de confier tes intérêts à un séide de la partie adverse.

— Ecoute, dit JR, ça ne mange pas de pain. Il s'agit d'un premier entretien, on verra pour les suivants.

— Arrange-toi pour qu'il y ait des suivants et surtout, prends un avocat ! Si tu veux, je connais un spécialiste du droit du travail dans l'audiovisuel.

53

La « chambre de la mort » est une espèce de bocal cubique tapissé de stores vénitiens, sis en plein espace paysager où s'étend la Direction des Ressources Humaines de La Chaîne. C'est dans ce huis-clos, à l'abri des yeux et des oreilles, que se déroulent les *entretiens préliminaires*, un euphémisme socialement correct décrivant, dans la langue des entreprises, un procès en assise qui aboutit toujours sur la peine de mort.

Préalablement, ce matin-là, JR a rendez-vous avec PQ dans « l'espace syndical ». De carrure massive, l'estomac proéminent, PQ a le verbe haut et le rire gras. Dans les comités d'entreprise, il hausse le ton pour jouer les méchants. Les *rookies* le prennent pour une terreur, mais les vieux savent à quoi s'en tenir. Dans ce jeu de rôles, le DRH se lance dans des protestations de tribun outragé qui offrent un voile de dignité à cette farce revendicative.

Quand JR pénètre dans l'espace, PQ se lève, adopte un visage de circonstance, le serre dans ses bras vigoureux et dit sur un ton scandalisé :

— Ah les salauds, te faire ça à toi !... Mais t'en fais pas, vieux, on va les réduire en poussière, ces enculés !

Dans la chambre de la mort, les « enculés » sont plus nombreux que prévu : le DRH, un adjoint et son assistante qui fait office de greffier. Comme à l'accoutumée, PQ prend la parole en premier. Il ne la prend pas, il l'arrache.

— C'est une honte, mais comment osez-vous ? Cette accusation de harcèlement est grotesque, elle ne repose sur rien. Retirez-la immédiatement ! Nous n'avons rien à faire ici.

Le DRH balaye les commensaux d'un regard amusé. Il laisse passer l'orage, puis déclare d'un ton calme :

— Grotesque ou non, cette accusation est patente et sous-tendue par un dossier comprenant des témoignages accablants. Nous ne sommes pas là pour débattre de son bien-fondé mais pour trouver une solution afin que JR puisse quitter l'entreprise dans des conditions qui préservent sa dignité, tout en garantissant une compensation financière.

— Mais je ne veux pas quitter La Chaîne ! proteste JR.

— Attends de savoir ce qu'ils te proposent, lui glisse dans l'oreille PQ, soudain radouci.

— Je n'attendrai rien du tout. Je nie formellement ce dont on m'accuse, je ne désire nullement quitter La Chaîne et reviendrai avec un conseil. Madame, messieurs....

JR sort, laissant derrière lui quatre visages ébahis. Le premier entretien préliminaire n'aura pas duré cinq minutes.

54

Le second va durer beaucoup plus longtemps. On prend les mêmes et on recommence, à l'exception de PQ qui cède sa place à un autre délégué syndical, nommé par l'avocat qui n'est pas légalement autorisé à intervenir dans les locaux de l'entreprise. Toutefois, au téléphone avec le DRH, il a pu faire avancer le « Schmilblick ». La négociation est déjà bien entamée. Cette fois, c'est l'homme du patronat qui ouvre le feu :

— Je vous propose de doubler les indemnités légales en regard du préjudice que vous subissez, dit-il à JR.

— Allons, ce n'est pas sérieux, répond le syndicaliste. Dans la Convention Collective des journalistes de La Chaîne, il est déjà prévu qu'au-delà de dix ans d'ancienneté, on touche sept semaines de salaire par année de présence... et vous proposez simplement d'en ajouter une ? Notre ami JR est brisé au faîte de sa carrière, il subit un préjudice moral énorme, sans parler du préjudice de notoriété quand on sait le peu de crédibilité qu'a votre dossier.

— Enfin...

— T-t-t-t-t-t ! Vous savez comme moi que votre dossier n'est guère difficile à démonter. Si nous allons aux Prud'hommes, les faux témoignages ne tiendront pas longtemps.

— Faux témoignages !

— Ne poussez pas des cris d'orfraie ! Allez, je vais vous faire plaisir. Nous dirons donc : témoignages contestables. Mais le problème n'est pas là. Notre ami ne veut pas quitter la maison, il s'estime injustement accusé... pour ne pas dire persécuté. Par ailleurs, il est professionnellement irréprochable, unanimement reconnu dans son domaine de compétence et, que je sache, il n'a commis aucune faute grave. Dès lors, si vous voulez le voir partir, il va falloir vous montrer un peu plus généreux.

— Deux fois et demie.

— Trois fois.

Le DRH et son adjoint échangent un long regard puis le décideur se tourne vers le syndicaliste représentant JR.

— C'est bon. Je vais faire préparer un formulaire d'accord par mon secrétariat. Ne bougez pas !

— Je préférerais ne rien signer maintenant, intervient JR.

— Quand souhaitez-vous signer cet accord ? demande le DRH. Demain, même heure, ça vous va ?

— C'est parfait.

JR s'isole dans un couloir pour appeler son avocat.

— Vous avez eu tort de ne pas signer tout de suite, dit l'homme de loi. C'est un très bon accord... demain, ils auront peut-être changé d'avis.

— Je sais, répond JR, mais je dispose d'un joker.

55

DEPUIS QU'ILS entretiennent une relation durable, Laure et JR passent alternativement leur soirée chez l'un ou chez l'autre. Cette fois, c'est Laure qui joue les Amphitryons. Elle a préparé un osso bucco qui, d'ordinaire, aurait fait le bonheur de son amant. Mais ce soir-là, il a l'estomac noué.

— Tu n'as pas faim ? s'inquiète Laure.

— Non. C'est très bon, ma chérie, mais je n'ai pas le cœur à ça.

— Qu'est-ce qui ne va pas ?

— Tu le sais bien.

Laure est instruite des affres que connaît la vie professionnelle de son compagnon. Mais elle est tiraillée entre deux sentiments : l'empathie naturelle envers un être cher qui traverse une mauvaise passe et la satisfaction de perdre une vieille rivale. La télé. Sa haine la rend égoïste car, sans qu'elle en soit vraiment consciente, le second sentiment prévaut. JR a sa tête des mauvais jours, la carnation assortie à l'osso bucco qui surnage dans l'assiette pleine. Il lève ses yeux de chien abandonné.

— Dis-moi…

— Oui.

— Ne crois-tu pas que ça ferait plaisir à ton père si tu renouais avec lui ?

— Plaisir ? Oh, certainement. Mais je doute que chez lui, il y ait des sentiments au-delà du plaisir. Pourquoi me demandes-tu cela, Jacques ?

— Parce que je pense que si tu lui demandais une faveur, il ne pourrait te la refuser.

— Tiens donc. Et quel type de faveur voudrais-tu que je lui demande ?

JR réalise qu'il a peut-être été un peu vite en besogne. Il ne peut cependant plus faire machine arrière.

— Eh bien voilà, avance-t-il sur un ton mal assuré, j'imagine que si tu lui demandais ma réintégration, il ne pourrait te dire non.

— Et qu'est-ce qui te fait croire que mon père ne pourrait me refuser ta réintégration ?

Une lueur d'espoir brille dans le regard de JR.

— Les grandes réconciliations s'accompagnent toujours de cadeaux.

— Tu ne connais pas mon père. C'est un être dur, inflexible. Pour sûr, son ego serait satisfait de voir la brebis égarée rentrer au bercail, mais il ne lèverait pas le petit doigt à l'encontre de ses propres intérêts. Chez lui, la fonction passera toujours après l'homme.

— Ne dis pas cela ! En mettant cette greluche à ma place, il a bien montré que l'homo erectus passait avant le directeur général.

— Alors, il vieillit. Peut-être que le sexe a creusé une brèche dans sa carapace.

— Peut-être qu'il existe d'autres brèches, suggère timidement JR.

— Et tu voudrais que je sois une de ces brèches, n'est-ce pas ?

— Ça ne coûte rien d'essayer.

— Oh si, ça me coûte beaucoup !

— Mais tu vas le faire quand même...

— Non.

56

CETTE NUIT-LÀ, JR n'a pu trouver le sommeil. Il a quitté Laure sur une fin de non-recevoir. Certes, il n'est pas parti en claquant la porte mais il sait que cette porte, il ne la rouvrira plus jamais. Laure ne lui a pas pardonné d'avoir utilisé leur amour comme monnaie d'échange. Elle avait déjà eu tellement de mal à oublier qu'il appartenait à une catégorie dans laquelle elle s'était jurée de ne jamais trouver un compagnon de vie. À l'image de son père, JR aurait toujours fait passer la télé avant sa famille. Ce qu'elle n'avait pu accepter en tant que fille, la femme n'était pas prête à l'assumer.

Le lendemain, avant le rendez-vous fixé par le DRH, JR se donne une dernière chance de renverser la vapeur. Toute la matinée, il tente de joindre RF. En vain. « Son Altitude » est soit en réunion, soit en rendez-vous, soit en déplacement extérieur (« Il vous rappellera sans faute ! »). JR n'ayant pas les tripes de monter au vingt-quatrième étage et de braver le rempart des secrétaires, il reste scotché à son téléphone dans l'attente d'une hypothétique sonnerie. Ce pourrait être aussi un coup de fil de Laure qui, fée repentante, volerait à son secours. Mais là encore, le téléphone reste muet. JR se rappelle le dernier regard échangé avec son amante. Ce regard azuré, qui l'avait séduit lors de leur première rencontre, s'était changé en glace polaire.

Tel père, telle fille.

SMS !

Six mois plus tard.

Depuis plusieurs semaines, JR reste cloitré dans son appartement de la rue Jacob. Il ne sort que pour remplir son frigidaire mais répond quand même au téléphone dont la sonnerie est devenue parcimonieuse. C'est son seul lien avec le monde extérieur car JR a cassé (volontairement) son téléviseur, il n'écoute plus la radio et ne lit plus les journaux.

Au tri sélectif de l'amitié, les soutiens de JR ne sont plus que trois... mis à part Tantine à laquelle il n'a pas le courage de répondre, quand il voit son numéro s'afficher sur son écran. JR s'embourbe dans son infortune à laquelle il commence à prendre goût. Qu'il est doux de pleurer sur sa lamentable existence quand on n'a que quatre murs pour témoins !

57

Flashback :

Le premier à téléphoner fut Régis. Ayant appris par voie de presse la « destitution » du créateur d'*Intellocratie*, il s'inquiétait pour son avenir.

— Que comptes-tu faire maintenant ?

— Je ne sais pas. Écrire, peut-être.

— Je ne te le conseille pas.

— Pourquoi ?

— Tu es un homme de télé, JR, pas un homme de lettres. Tu as bien vu... passé l'effet curiosité, ton roman a été un flop.

— Pas tant que ça.

— Arrête de te cacher la tête sous le sable, regarde la réalité en face ! Tu viens de prendre un joli paquet d'oseille, tu as les moyens de rebondir.

— Pour faire quoi ?

— Je ne sais pas moi… un truc à la télé. C'est ton trip, JR !

— La télé… elle m'a fait cocu !

— Et alors ! Ce n'est pas parce qu'une femme te trompe qu'il faut toutes les fuir.

JR raccrocha en promettant de méditer ces précieux conseils. Une demi-heure plus tard, il avait oublié cette conversation, retombant dans une mélancolie amorphe. Cela se passait il y a cinq mois. Depuis, Régis – le mentor, le pilier intellectuel, l'ami sincère – n'a plus jamais appelé.

58

QUELQUES JOURS PLUS TARD, le deuxième coup de fil vint de Claude.

— Alors, comment ça va ?

— Je survis. Et vous, à la boîte ? Comment s'est passé le relais avec l'Arabe ?

— Très mal.

— Ah bon ? fit JR, feignant la surprise.

— Dès ton départ, expliqua Claude, Khalida a voulu laisser son empreinte en nous faisant comprendre qu'on entrait dans une ère nouvelle.

— Et alors ?

— Elle a changé du tout au tout, nous dévoilant sa vraie nature : celle d'un tyran égocentrique, une véritable peste à l'esprit tortueux qui éprouve un plaisir sadique à casser le travail d'autrui. Et si encore elle était compétente ! Mais sa culture est un vernis, comme celui qu'elle se met sur les ongles. Les petits jeunes de ton équipe passent leur temps à refaire son boulot en se faisant traiter de minables. Tu sais JR... à mon avis, il ne faudrait pas grand-chose pour les faire revenir sur leur témoignage. Ils n'en peuvent plus, l'ambiance est exécrable.

— Et toi ?

— J'ai demandé à être retirée d'*Intellocratie*. Oh, ce n'est pas un problème, j'ai la chance d'appartenir à une société indépendante qui produit beaucoup d'autres émissions. Le patron non plus n'y croit plus. Il continue parce qu'il faut bien faire tourner la boutique mais il prédit à ton émission une très courte espérance de vie et je suis d'accord avec lui.

Elle a dit « ton émission », nota JR dans sa tête. Reconnaissance *posthume*. Passé cet égarement nostalgique, il reprit l'écoute de sa correspondante :

— Tu sais, JR, tu devrais essayer de leur reprendre un peu de blé, pendant qu'il est encore temps.

— En quoi faisant ?

— En les attaquant aux Prud'hommes, pardi ! Pour licenciement abusif, basé sur un faux procès.

— J'ai déjà signé un accord.

— Oui, mais il devient caduc si les jeunes annulent leurs déclarations.

— Ils seraient accusés de faux témoignage. C'est grave !

— Pas si l'on démontre qu'ils ont agi sous la contrainte.

— Tu crois que je pourrais être réintégré ?

— Non, mais tu pourrais leur prendre un peu plus d'oseille.

— A quoi bon ?

— Tu craches sur le flouze, toi ? Ma parole, t'es complètement déconnecté. Rebranche-toi, JR !

La ligne resta muette près d'une minute.

— JR, t'es toujours là ?

— Oui.

— Ça te dirait de faire de la prod ?

— J'sais pas. Pourquoi ?

— Parce qu'il y aurait une place pour toi, à la boîte. Le patron est prêt à t'accueillir, enfin... à t'essayer.

— J'ai envie d'écrire.

— Laisse tomber, t'es pas fait pour ça. Ton truc, c'est l'image, le direct, le vécu sur l'instant. T'es pas un homme d'analyses, de climats....

59

LE TROISIÈME ET dernier appel fut celui de Michel.

— Tiens, un revenant ! s'écria JR.

— Excuse-moi, j'osais pas.

— T'osais pas quoi ?

— Ben, t'appeler. C'est comme les gens qui sont en deuil, je ne sais jamais quoi leur dire.

— Parce que tu crois que je suis en deuil ?

— Quelque part, oui.

— Tu te trompes, vieux. C'est La Chaîne qui est en deuil. Cette salope de Khalida est en train de détruire la seule émission qui la reliait encore à la noble mission pour laquelle la télévision a été créée.

— T'aurais jamais dû les laisser faire, lâcha Michel.

— Elle est bien bonne, celle-là ! Que peut faire le talent d'un homme contre le cul d'une pute ? Nous ne combattons pas à armes égales.

— JR... je ne t'ai jamais entendu t'exprimer ainsi !

— Eh bien, il va falloir que tu t'y fasses, vieux.

Michel prit sa respiration et dit :

— Pourquoi t'as pas essayé de te battre, JR ?

— Mais je me suis battu, bordel !

— C'est pas ce qu'on dit.

— Tiens, raconte-moi comment le téléphone arabe fait mon oraison funèbre, ça m'intéresse !

Le téléphone arabe... il ne l'a pas fait exprès. JR, dont l'humour s'est transformé en cynisme, rit intérieurement.

— On dit que t'as pris un gros paquet avec un avocat qui s'est goinfré au pourcentage, poursuivit Michel. On dit qu'aucun de vous deux n'a cherché à démonter cette machination ridicule. On dit que les biffetons t'ont fait perdre l'équilibre.

— Pure calomnie.

— Allons JR, pas à moi ! Tu t'es laissé acheter, hein ?

— Traite-moi de pute, pendant qu'tu y es !

— Je n'irai pas jusque-là, se récria Michel, et de toute façon, je pense que tu te serais fait broyer. Simplement, t'aurais pu leur offrir un peu de résistance. Histoire de dire qu'on ne peut pas tout acheter, même sur une télé commerciale.

— Je ne suis pas un journaliste engagé.

— Non, tu es un journaliste licencié.

Michel s'esclaffa, fier de cette nouvelle boutade et content d'avoir réintroduit un peu d'humour dans cette conversation mortifère. Le reste fut un échange de banalités et, de guerre lasse, Michel jeta l'éponge. Quinze jours plus tard, il refit une tentative. Six sonneries dans le vide puis basculement automatique sur le répondeur auquel il transmit un amical message qui resta sans réponse.

De ce jour, le téléphone de JR ne sonna plus jamais… sauf une toute dernière fois. Ce qui nous replonge dans le temps présent.

60

CE JOUR EST un jour comme un autre et la soirée qui s'annonce ne se distingue ni des précédentes ni des suivantes car il existe un enchaînement logique dans la langueur. La nuit sera morne et le sommeil de JR, chimique.

La veille, cependant, JR a tenté une sortie commando. En dehors des murs qui enferment sa solitude. Surfant sur les cendres de sa gloire, il s'est rendu à la pharmacie du quartier pour acheter plusieurs boîtes de ces petites pilules du bonheur, tant prisées de nos jours. La pharmacienne est une inconditionnelle de « Monsieur JR » dont elle n'a pas encore appris le bannissement. De ce fait, elle n'exige aucune ordonnance, a fortiori d'un homme aussi courtois qui lui renvoie une image de la France qu'elle regrette. De la pharmacie au supermarché, il n'y a que la rue à traverser. JR achète une bouteille de whisky. Du bon, tant qu'à faire. Un *single malt* à double maturation, vieilli en fût de rhum, fera l'affaire.

Si l'on doit quitter la vie, quittons-la sur un bon souvenir !

Sans avoir de grandes connaissances en pharmacologie, JR sait que le mélange alcool-antidépresseurs, à forte dose, vous jette tout droit entre les bras de la Grande Faucheuse. En homme de goût, il commence par le whisky. Au bout de quelques verres, la gorge chaude, le mental musclé, il projette le film de ses funérailles sur l'écran de son surmoi.

Il voit la lente et douloureuse procession qui, de l'église de Saint-Germain-des-Prés, suit son cercueil jusqu'au cimetière de Montparnasse. Il entend encore résonner l'homélie du prêtre (Bossuet n'aurait pas fait mieux), le discours de RF, émouvant et solennel, la culpabilité éraillant la voix, puis le florilège d'hommages émanant de beaux esprits qui ont eu le privilège de *passer chez Rabineau*. Dans un coin, une ombre voilée, seule avec sa souffrance, seule avec sa conscience : Laure. L'âme aimée qui a jeté cet être vulnérable dans la plus noire détresse. La foule s'étend comme une serpentine au nouvel an chinois. Ces anonymes qui n'ont connu (et aimé) JR qu'à travers un écran. La face blême, ce sont peut-être ceux qui souffrent le plus.

Dès les premières notes du *Lacrimosa* du Requiem

de Mozart, qui accompagne sa dépouille, JR sent son cœur pris dans un étau. Sur ce majestueux tableau sonore, le héros posthume quitte le direct pour la revue de presse du lendemain. Dithyrambe à la « une » ! De la page entière que Michel, célèbre éditorialiste et ami de toujours du défunt, jusqu'aux plus petits échos de la PQR[1], tout n'est que panégyrique. Les nécrologies semblent avoir été imprimées avec le sang du Christ. Tous les flashes radiophoniques et les JT en ouverture annoncent « la perte d'un grand intellectuel ». La Chaîne modifie ses programmes pour un best of d'*Intellocratie*, présenté en grande pompe par TTRO. Khalida réalise les ravages de son ambition. La Chaîne a perdu un être rare. Subrepticement, le doute s'instille. A-t-elle la capacité de lui succéder. Ne pouvant affronter une réponse négative, Khalida s'affaisse dans la dépression culpabilisatrice.

Il est temps maintenant de passer à l'acte.

Pour l'accompagner dans ce voyage sans retour, JR a choisi une grande dame : Billy Holiday... « *Sophisticated lady* ». Elle aussi a vécu une vie de chien. Noire, abandonnée, battue, trompée, réfugiée dans l'alcool et dans la drogue. Cliché ? Si vous voulez. Quoi qu'il en soit, Lady Day ressemblait à sa chanson. C'était une *sophisticated lady* !

Voilà pourquoi sa voix atonale, *smoky*, écorche les tympans et caresse le cœur.

Lady Day commence à chanter. JR vide la bouteille

de whisky et note qu'il reste tout juste assez de liquide ambré pour avaler cul-sec le contenu de la boîte de pilules. Au moment où il s'apprête à le faire, le téléphone sonne. Retour brutal dans le réel. Machinalement, JR décroche.

— Salut, chante une voix enjouée, c'est Véro !

— Véro ?

— Ben quoi... Véronique ! Ton ex-collaboratrice du Service Culture.

— Ah oui, salut.

JR revoit avec dégoût la scène du sauve-qui-peut dans l'appartement de la walkyrie.

— J'ai appris, dit Véronique sans finir sa phrase.

— Ça fait déjà un certain temps.

— Oui, je sais. J'aurais dû t'appeler plus tôt.

— C'est pas grave.

JR fixe l'alcool doré qui semble le narguer : *Alors, tu viens ?*

— Qu'est-ce que tu deviens ? reprend Véronique.

— Rien. Et toi ?

— Bof.... Ça te dirait qu'on croûte ensemble ?

Le dégoût se transforme en horreur. Dans l'esprit torturé du journaliste, « croûte » et « couche » se chevauchent. À sa grande surprise, JR s'entend répondre :

— Quand ?

— Pourquoi pas ce soir ?

— T'es plus avec Tom Roc ?

— Ce salaud !

Visiblement, Véronique est en mal de confidences. Comme JR n'a aucun rendez-vous dans l'au-delà, il peut bien vivre encore un peu.

— Que s'est-il passé ? demande-t-il.

— Tu ne lis pas les journaux ?

— Ben, euh… tu sais, depuis que j'ai été viré, je vis un peu reclus.

— Je comprends.

— Alors ?

— Eh bien, figure-toi que Tom vient de partir avec Khalida.

— Khalida, l'Arabe ? La femme de RF ?

— Ils ont divorcé.

— Mais ça ne faisait pas quatre mois qu'ils étaient mariés !

— C'était un mariage blanc. Pour elle en tout cas parce que le vieux, il a pris un sacré coup de massue sur la gueule. Si tu le voyais aujourd'hui, tu ne le reconnaîtrais pas.

Tout ça pour ça, se dit JR. Quel gâchis !

— Et attends, poursuit Véronique, c'est pas tout ! Depuis, la salope, elle a viré Tom pour se tirer avec Fantômas.

— Fantômas ?

— Ah oui, c'est vrai, tu ne connais pas. Tu ne regardes plus la télé non plus ?

— Non.

— Fantômas, explique Véronique, c'est le mec

qu'ils ont trouvé pour remplacer Tom pendant ses vacances. On l'appelle comme ça parce qu'il a le teint gris foncé avec la boule à zéro. Il ressemble comme deux gouttes de mercure au personnage du film.

— Je vois.

— Donc, cette pétasse, elle a laissé TTRO sur le carreau qui, fou furieux, a carrément pété les plombs. Figure-toi qu'il a été surpris en train de rayer la voiture de Fantômas dans le parking... surpris par une secrétaire qui l'a raconté à tous les étages. Trop drôôôôôôle !... Et puis, il s'est calmé et a rappelé sa bonne vieille copine.

— Et alors ?

— Je l'ai envoyé se faire paître, oui ! Après ce qu'il m'a fait.

— Bien sûr.

— Non, pas bien sûr... car tu ne sais pas tout !

— Ah bon ? s'étonne JR, les sourcils en accent circonflexe.

— Durant les dernières vacances, Tom m'a emmenée sur la plage soi-disant privée d'un archipel du bout du monde, à l'abri des regards et surtout – tu me suis – des appareils photo. Moi, bonne fille, je l'ai cru sur parole. On s'est donc fait des câlins, à poil sur le sable irisé... comme dans *Emmanuelle*, quoi.

— Et alors ?

— Une semaine plus tard, j'ai vu mes nibards et ma chatte à la « une » de tous les journaux pipoles, avec en gros titre : « *TTRO en vacances avec sa nouvelle conquête.* »

— Bonjour la pudeur !

— Mais je m'en branle, moi, de la pudeur ! hurle Véronique au bout de la ligne. Tu sais ce que j'ai appris par la suite ?

— Non.

— Tom a passé un deal avec la presse pipole. Contre plusieurs centaines de milliers d'euros – je n'ai pas réussi à connaître le montant exact – il indique aux paparazzis le lieu de ses vacances et s'arrange pour se mettre dans des situations provocantes. Ensuite, il crie publiquement au scandale. *Pro forma*. Tout le monde y gagne, sauf les avocats ! À La Chaîne, évidemment, personne n'ignorait ses pratiques… sauf la principale intéressée. Comme dans toutes les histoires de cul.

— Et Khalida, elle s'est fait baiser aussi ?

— Non. Elle est moins conne – ou plus salope – que moi. Elle ne s'est fait baiser qu'au sens propre car ils ont fait fifty-fifty.

— Ça donne envie de gerber, tout ça.

— Je ne te le fais pas dire. Alors, une petite dînette… ça te tente ?

JR réfléchit. Laure lui a retiré le complexe de la « queue de cerise » et il se sent aujourd'hui d'attaque pour affronter une plante carnivore. Véronique a pris le visage de la providence, pourquoi ne pas lui laisser prendre la main ?

— Alors ? s'impatiente-t-elle.

JR hésite encore. Sa vie n'a été, à ce jour, qu'une succession d'hésitations. Des hésitations… calendaires, comme dirait Michel dans un de ses plus fameux calembours : « Tu ne sauras jamais choisir entre le Moi de *mais* et le Moi d'*où*. »

— Chez toi ?

61

Et ils tombèrent dans les bras l'un de l'autre, les deux « niqués » (Véronique-que-nique-nique) de La Chaîne.... La solidarité dans l'adversité. C'est-y pas une belle leçon de vie, ça ?

Au scrabble de la vie, les cases rouges triplent le score et V est une lettre qui peut rapporter gros. Elle a dit à JR qu'elle avait un plan *destroy*. Une bombe thermonucléaire, de quoi lyophiliser tous ces « empafés » de La Chaîne. Quand on pense qu'il a failli se suicider pour eux, enfin... à cause d'eux ! De manipulé, JR est passé manipulateur. L'arrosé arroseur. Il a laissé ses complexes dans les tiroirs de son bureau, sa déprime dans ceux de sa chambre, ses pilules dans la poche de son pyjama et ses larmes au fond de sa gorge. De sa gorge, va jaillir un venin. Il va instrumentaliser la sculpturale Véro pour le vaporiser dans l'atmosphère.

Instrumentaliser, le verbe préféré des politicards.

Des mecs sans complexes. À quoi ça sert les complexes ? Ça lui rappelle une blague de Michel. Tiens, il faudra qu'il pense à la sortir à Véro : Pourquoi on a enterré Mitterrand à Jarnac ? Parce qu'il n'y avait plus de place à J'encule.

JR est gonflé à bloc. Il se sent même gonflé tout court. Il découvre un autre JR.

Y'a un dieu pour les mecs sans complexes. Le même que les ivrognes. Ils passent à travers les balles parce qu'ils ne les voient pas. Du temps où il travaillait à La Chaîne, JR était un grand inventeur de danger. Il avait peur de son ombre, comme on dit. Après ce réveil téléphonique, investi d'une lumière intérieure, il irradie une confiance fluorescente qui ne laisse vivre aucune ombre.

L'ancien présentateur est en mode *Alerte rouge*. Il ne lui aura fallu qu'une heure – et un petit coup d'allumage – pour remettre la machine en marche.

Et je les emmerde tous !

62

L'APPARTEMENT de Véronique n'a pas changé... et l'occupante non plus. Aussi *défoncée* que son canapé. Complètement stone ! Sa robe ressemble à une décalcomanie sur la peau. Ses seins paraissent plus agressifs qu'un lance-rocket, ses fesses plus cambrées qu'une catapulte.

Une *cataputе...*

Dans sa tête, JR est en tenue de combat. Il fixe la Messaline droit dans les yeux, prêt pour la chevauchée fantastique.

— Tu veux une ligne ? suggère-t-elle.

— A qui veux-tu que je téléphone ?

— Mais non, idiot ! Une ligne de coke. De la blanche, de la vraie poudreuse, un grand cru de Medellín, du pur Everest, de quoi survoler le toit du monde.

Medellín, ça lui rappelle la Colombie. Un bon

coup d'aspirateur dans la tête, le JR *nouveau* chasse les pensées toxiques :

— Vas-y ma grande, lance-t-il avec la voix de Bogart. Fais-moi planer sur tes vallons fertiles !

Avant d'effacer la décalcomanie, Véronique s'empare d'un magnéto numérique. Le genre qu'on scotche sous ses fringues pour des interviews déontologiquement incorrectes.

— Ecoute ça, mon mignon, et tu vas jouir bien avant que je ne te prenne dans ma bouche.

Elle presse un bouton. JR reconnaît immédiatement la voix du président de La Chaîne. Il converse avec un bipède dont le timbre ne lui est pas inconnu non plus, mais il n'arrive pas à mettre un nom dessus. C'est un arrache-tympans. Dans les aigus, il rappelle la stridulation des cigales.

— Qui c'est ?

A genoux, Véronique s'affaire autour de sa ceinture. Le pantalon de JR tombe en accordéon sur ses chevilles.

— C'est le ministre de la culture. Oh, mais dis-donc… elle est bien raide ta queue de cerise !

— Tu peux l'appeler comme ça maintenant, j'en ai plus rien à foutre. Finis les complexes, ma grande. Avec ma Durandal, je vais tous les empapaouter !

— A commencer par moi, chéri, dit Véronique en cambrant la croupe.

— SMS !

— Ce n'est pas un SMS, c'est un enregistrement. Ecoute-donc !

— SMS.

— Sois patient, mon minou. Ils vont en venir au but. Ecoute ce que j'te dis !

— SMS bordel !

— Quoi SMS ?

— SMS, ça veut dire « Suce-moi salope ! ». Tu savais pas ?

Véronique s'exécute et l'enregistreur déverse son fiel. Le ministre de la culture annonce au président de La Chaîne que la TNT va prochainement s'enrichir de cinq nouveaux canaux. Il fera pression sur le président du CSA afin qu'il lui réserve le premier à la condition expresse qu'il vire Fantômas et mette sa maîtresse à la place.

— Oh, oh, oh, rigole JR, mais c'est du miel, tout ça ! Pauvre Fantômas. Il n'était pas si mauvais en fin de compte....

La maîtresse du ministre est une blondasse qui a gagné sa carte de presse à « Questions pour un shampoing », précise Véronique entre deux coups de langue. JR se dit qu'elle va annoncer les crashs aériens avec un sourire à faire des ménages dans les grandes surfaces et rigole de plus belle. Les beaufs du samedi après-midi adorent voir une gueule connue leur vendre des couches Pampers.

— T'as eu ça comment ? demande JR.

— Mmmmmm.

Véro n'arrive plus à décoller ses lèvres de la queue de cerise. Il faut que JR lui envoie un litre de gelée royale pour que la bouche retrouve son autonomie vocale.

— En partouze, lâche-t-elle, essoufflée, après avoir gobé la dernière goutte de foutre. On fréquente les mêmes chapelles.

JR se dit que la métaphore « chapelle » n'est peut-être pas intellectuellement correcte... mais au fond, il s'en branle et brandit un poing vengeur, façon *Black Panthers* :

— *Fuck them all !*

— Fuck qui tu veux, couine Véro, mais fuck moi d'abord, mon minou !

63

Quelques jours plus tard, JR obtient un rendez-vous « en urgence » dans le bureau qui sent le miel. Beaucoup plus facile de rencontrer RF quand on vient de l'extérieur qu'en interne. Nul n'est prophète en son pays. JR marche d'un pas décidé. Cette fois, il a des billes. Sans même laisser au directeur de l'antenne le soin d'égrener les préliminaires d'usage, il va droit au but.

— Je suis en possession d'un document qui compromet *gravement* le président de La Chaîne.

RF a beaucoup maigri. Il a pris « un coup de vieux » comme le lui a dit Véronique. L'acuité cynique du regard est cependant inchangée. Elle le suivra jusque dans la tombe.

— Et que dit ce document ? demande-t-il en bourrant sa pipe.

— Il dit que La Chaîne va obtenir le premier canal

de la nouvelle TNT si le président vire Fantômas pour prendre la maîtresse du ministre de la culture à sa place.

— Fantômas ?

— Oui, enfin… KK, le nouveau présentateur du vingt heures.

RF allume sa pipe, aspirant la fumée à travers le tuyau. Puf, puf, puf….

— Il y a un souci, dit-il.

— Je comprends, dit JR avec un rictus de commisération. Fantomas est un bon journaliste.

— Non, ce n'est pas un souci de cet ordre. Cela concerne ton document.

JR écarquille les yeux. RF laisse sa phrase en suspens, puis reprend :

— Le ministre de la culture est un homo congénital. Il n'a jamais bouffé de la femme.

Un lourd silence s'abat sur le bureau parfumé de miel. Deux volutes s'enlacent amoureusement et RF laisse échapper ce chuintement dans lequel les salariés de La Chaîne reconnaissent un signe jubilatoire.

— De mon côté, poursuit-il, je détiens un document sonore où il est question de queue de cerise et de SMS… tu vois ce que je veux dire ? Ça a beaucoup fait rire, ce matin au comité d'entreprise. Le président l'a fait entendre aux délégués du personnel pour leur montrer comment la direction de La Chaîne désamorce les tentatives de diffamation. Notre statut de première chaîne européenne fait de nous la cible privilégiée de la presse à scandale. On se défend comme on peut, mon petit JR.

Le journaliste tombe cramoisi. Les yeux dans les chaussettes, les pommettes en feu. RF hausse le ton pour qu'il lève le regard.

— Au fait, Khalida m'a dit que j'avais eu tort de laisser partir un élément de ta valeur. *Intellocratie* porte ta signature, après tout ! Cela te plairait-il d'être réintégré ? On pourrait démarrer à la pige et puis, très vite, je pense que je pourrai t'obtenir un CDI. Au bas de l'échelle, évidemment, mais un grimpeur forcené comme toi saura très vite regagner les sommets.

Un chuintement drapé d'un nuage aromatisé ponctue la métaphore.

— Alors, qu'en dis-tu, mon petit JR ?

FIN

NOTES

CHAPITRE 14

1. Journaliste reporter d'images

LA CULTURE POUR LES NULS

1. Preneur de son

ÉRECTIONS CÉRÉBRALES

1. L'access prime time est la tranche horaire qui précède le journal de 20 heures.

CHAPITRE 21

1. Savonner : buter sur une syllabe, dans le jargon de l'audiovisuel.

CHAPITRE 31

1. Tapis persan de grande valeur

CHAPITRE 52

1. Dans le jargon de la télé, un ménage est une animation privée, grassement rémunérée.

CHAPITRE 60

1. Presse Quotidienne Régionale

Printed in France by Amazon
Brétigny-sur-Orge, FR

18212659R00155